主　编 厉　声

副主编 李　方（常务）　李国强

编委会成员（按姓氏笔画排列）
于　永　于逢春　马品彦　王利文　方　铁　厉　声　冯建勇
毕奥南　吕文利　许建英　孙宏年　孙振玉　李　方　李国强
张永攀　周建新　孟　楠　段光达　倪邦贵　高　月　崔振东
翟国强

中国社会科学院中国边疆史地研究中心　**厉声 主编**
当代中国边疆·民族地区典型百村调查：**内蒙古卷（第二辑）**
分卷主编：**于　永　毕奥南**

灾后重建的新村一角

个体经营的牧场

严重沙化的牧场

贫瘠的牧场

中下等生活水平村民家的牲畜

为数不多的残留湖泊

最大的野生动物——狐狸

村民饮牛

原苏木幼儿园的学生

村民最主要的燃料——干牛粪

改造后的炕灶

夏天为下蛋而准备的鸡窝

夏天避暑而临时搭建的羊圈

作者访谈村干部

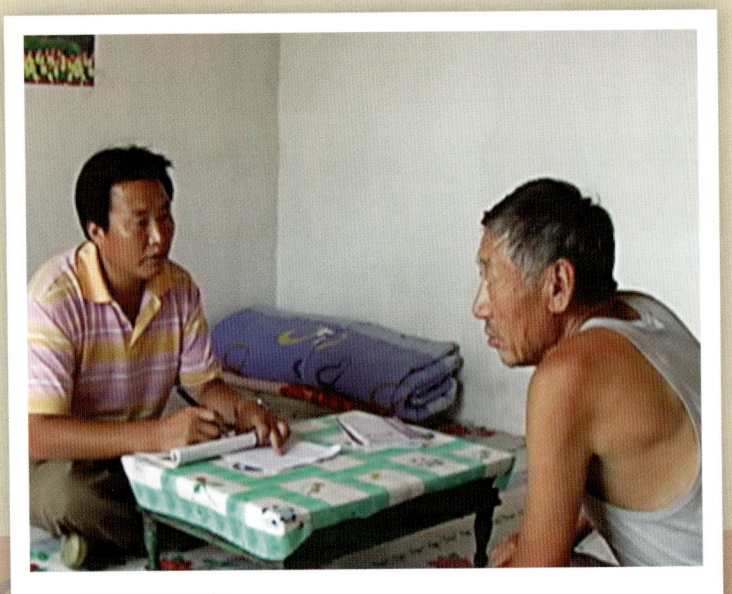

作者访谈村老干部

村民庭院里的蔬菜

中国社会科学院中国边疆史地研究中心
当代中国边疆·民族地区典型百村调查：内蒙古卷（第二辑）
厉 声 主编

科尔沁沙地边缘的半农半牧村
——内蒙古扎鲁特旗道老杜苏木保根他拉嘎查调查报告

哈达 著

社会科学文献出版社
SOCIAL SCIENCES ACADEMIC PRESS (CHINA)

"当代中国边疆·民族地区典型百村调查"
总　序

　　深入实际、开展国情调研，是中国社会科学院肩负的重要科研任务，也是中国社会科学院履行好党中央、国务院赋予的"思想库"、"智囊团"职能的重要方式。中国边疆省区占国土面积的60%以上，边疆区情及当地的民族社会调研（边疆调研）是中国国情调研的重要组成部分。正如一位边疆工作者所说：不了解少数民族，就不了解中华民族；不了解边疆，就不了解中国。1983年中国社会科学院中国边疆史地研究中心建立后，特别是1990年以来，一直将边疆调研作为学科研究的重点之一。

　　2004年，中国边疆史地研究中心承担国家社科基金特别项目"新疆历史与现状综合研究"（简称"新疆项目"）。2006年，中国边疆史地研究中心牵头，立项开展"当代中国边疆·民族地区典型百村调查"（简称"百村调查"），作为此特别项目的子课题。"百村调查"以新疆为重点，在全国新疆、西藏、内蒙古、宁夏、广西五个民族自治区和云南、吉林、黑龙江三省基层地区同时开展，共调查100个边疆基层村落。调查工作在"新疆项目"领导小组和专家委员会指导下，由"百村调查"

专家委员会暨编委会组织实施。在中国边疆史地研究中心主持拟定的调查大纲框架下，发挥每个省区的优势，体现各自的特色。

本项目的实施得到了边疆地区各级地方党政部门的支持。首先，调查工作注意与地方党政部门的相关工作衔接、听取意见，在实施调查之前，主动向各级党政部门汇报情况，听取指示和意见。其次，调查组主动让各级党政部门了解调研的全过程，在调研过程中出现问题时及时向相关党政部门请示。再次，调研阶段成果和最终成果的副本同时提供地方党政部门参考。

"百村调查"的调研主题是：改革开放30年来中国边疆基层村落的民族社会和经济发展的历史与现状。具体内容包括：乡村概况、基层组织、经济发展、社会生活、民族、宗教、文教卫生、民俗风情等。项目调研的时间是：2007~2008年（资料下限至2007年底或适当延长）。

"百村调查"的调研对象为：100个具有典型意义与特色的中国边疆基层村落。课题以基层乡、村两级为调查基点，大致每个省区选择2个地州，每个地州选择1~2个县，每个县选择2个乡，每个乡选择2个村。新疆共调查22个村，其他地区均为13个村（辽宁、吉林、黑龙江以东北边疆为单元，共调查13个村）。调查点的选择要求：

（1）本地区社会稳定与经济发展中具有典型意义的基层乡和村。

（2）存在边疆现实政治、社会或经济发展的热点、难点问题。

总　序

（3）与20世纪50年代全国边疆民族调查能有一定的衔接。

"百村调查"采取学术调查与现实政治相结合的方法，以社会人类学入村入户调研方法为主，同时关注现实政治、社会与经济发展中的热点、难点问题：一般共性调查与专题专访调查相结合，在一般综合性调查的基础上，选择好专访或专题调研的"切入点"——总结经验与完善不足相结合，在总结各项工作经验的同时，善于发现问题和提出解决问题的对策与建议。调研注重入户访谈和小范围座谈的专访调查。在一般性问卷和统计资料收集的基础上，注重对基层干部、群众典型、教师、宗教人士等特定人员的专题访谈，倾听和收集他们对基层社会稳定与经济发展的看法、意见和建议，形成能说明问题的专访或专题调研报告。

"百村调查"的成果形式分为调查综合报告与专题报告两大类。

（1）调查综合报告：依据大纲规定，撰写有关乡村经济社会等发展状况的综合报告，课题结项后分期公开出版。专题报告及调查资料可以公开发表的，在篇幅允许的情况下，作为附录附在综合报告末尾。

（2）专题报告：内容较敏感、不适宜公开出版的专题报告，集成《专题报告集》，内部刊印。

"百村调查"总主编　厉声　谨识
2009年8月25日

目 录
CONTENTS

序 言 / 1

前 言 / 1

第一章 保根他拉嘎查概况 / 1
  第一节 保根他拉嘎查的基本情况 / 1
  第二节 村庄的历史 / 6
  第三节 村庄人口 / 13

第二章 经济发展概况 / 20
  第一节 畜牧业经济 / 20
  第二节 农业发展 / 43
  第三节 商业及养殖业 / 52
  第四节 手工业及运输业 / 59
  第五节 外出务工和雇佣关系 / 61

第三章 基层政治组织 / 70
  第一节 党团组织 / 70
  第二节 行政组织 / 83

第四章　社会生活 / 93
　第一节　婚姻 / 93
　第二节　家庭 / 101
　第三节　日常生活 / 106
　第四节　生老礼俗 / 143
　第五节　时节 / 150
　第六节　社会交往 / 154

第五章　文教卫生 / 159
　第一节　宗教信仰 / 159
　第二节　民间艺术 / 164
　第三节　学校教育 / 164
　第四节　医疗卫生 / 174

后　记 / 180

图目录
FIGURE CONTENTS

图 1-1　扎鲁特旗行政区划图（选自《扎鲁特旗志》）/ 1

图 1-2　2002 年村民自己画的村地图 / 3

图 1-3　2007 年 8 月、2008 年 12 月调查时留影的新保根他拉嘎查面貌 / 4

图 1-4　2007 年 8 月、2008 年 12 月的毛图高庙树 / 9

图 2-1　现有条件较好的牧埠 / 24

图 2-2　现有村民改良的科尔沁红牛和牛群 / 29

图 2-3　村里仅存的几匹马和很多摩托车 / 33

图 2-4　草场上的羊群和饮水情况 / 37

图 2-5　扎鲁特旗档案局所藏 2002 年度牲畜统计表 / 41

图 2-6　扎鲁特旗档案局所藏 1978 年农业统计表格 / 47

图 2-7　村民朝鲁的商店 / 54

图 2-8　小卖店为卖肉而专门养的猪崽 / 57

图 2-9　传统手工猪槽 / 60

图 2-10　万里达公司停办后留下的大量机械 / 67

图 3-1　2007 年的新保根他拉嘎查办公地点 / 70

图 3-2　1963 年保根他拉嘎查生产队党员统计表 / 73

图 3-3　三亩田一角 / 77

图 3-4　通行难之沙土路 / 79

图 3-5　开始绿化的林带 / 89

图 4-1　1988 年三世同堂／102

图 4-2　20 世纪 40 年代服装(秋装、冬装)／109

图 4-3　20 世纪五六十年代服装(冬装、夏装)／110

图 4-4　20 世纪七八十年代的教师和部分女青年服装(春装、夏装)／111

图 4-5　20 世纪 90 年代的老年人和现在村民的服装(秋装、夏装)／112

图 4-6　村民在吃手把肉／117

图 4-7　村民正在做火锅(20 世纪 80 年代照片)／118

图 4-8　本村村民举行婚礼时准备的饭菜／122

图 4-9　村民家里种植的蔬菜(2008 年 8 月)／123

图 4-10　搬迁前本村典型住房结构图／125

图 4-11　搬迁后本村典型住房结构图／126

图 4-12　牧民的简易房子／127

图 4-13　精心制作的婚礼请帖(村民朝鲁提供)／147

图 4-14　2007 年珠日河草原旅游区那达慕大会部分景观／153

图 5-1　村民家里摆设供奉的班禅、佛像、成吉思汗像／161

图 5-2　信基督教者和十字架／162

图 5-3　无人看守的校舍(2007 年 8 月)／166

图 5-4　在本村长年救死扶伤的包明大夫正在工作／175

表目录
TABLE CONTENTS

表 1-1　1947~2007 年保根他拉嘎查民族、户数、人口变动表 / 13

表 1-2　1963~2007 年保根他拉嘎查人口变动情况表 / 15

表 1-3　2006 年保根他拉嘎查人口年龄结构表 / 15

表 1-4　保根他拉嘎查典型户 187 人的文化程度统计表 / 18

表 2-1　保根他拉嘎查典型户 2007 年人口、牲畜、草场面积表 / 21

表 2-2　1963~2002 年保根他拉嘎查主要牲畜变动情况表 / 26

表 2-3　2002 年原巴彦芒哈苏木与保根他拉嘎查牲畜数字表 / 27

表 2-4　保根他拉嘎查 2002 年和 2007 年牲畜数量表 / 40

表 2-5　保根他拉嘎查 2002 年和 2007 年有畜情况表 / 40

表 2-6　2006~2007 年度典型户一年收支情况表 / 42

表 2-7　1978 年保根他拉生产队农作物播种种类及面积 / 46

表 2-8　2002 年保根他拉嘎查农作物播种种类及面积 / 47

表 2-9　2007 年外出务工人员情况表 / 61

表 2-10　2007 年保根他拉嘎查雇用情况表 / 67

表 3-1　村委会成员 2007 年年报酬一览表 / 82

表 3-2　保根他拉嘎查历届行政领导统计表 / 84

表 4-1　保根他拉嘎查 1978 年和 2007 年家庭人口表 / 102

序 言
FOREWORD

"当代中国边疆·民族地区典型百村调查"是2004年度国家社会科学基金特别项目"新疆历史与现状综合研究项目"的子课题。内蒙古自治区既是中国少数民族聚居地区，又是中国边疆地区，于是顺理成章成为这个子课题的有机组成部分。按照课题的整体设计，内蒙古自治区需要调查13个典型村。由于多年合作关系，项目主持单位中国社会科学院中国边疆史地研究中心决定依托内蒙古师范大学历史文化学院，委托院长于永教授和中国社会科学院中国边疆史地研究中心的毕奥南研究员共同主持内蒙古自治区的子项目。

接受任务后，根据内蒙古地域辽阔、农村牧区基层社会类型多样的具体情况，在选择典型村时，我们考虑了以下几个标准：第一，选择的典型村应该覆盖内蒙古的东西南北。因为内蒙古东西部经济文化以及地理因素存在诸多差别，南北风貌也不尽一致，所以典型村的选择如果集中在一个地区，很难反映内蒙古作为边疆民族地区的全貌。我们认为应该在内蒙古的各个盟（市）范围内，尽量做到每个盟（市）选择一个村（嘎查）。第二，需要兼顾内蒙古不同地区的不同经济社会类型。广袤的内蒙古自治区有农区、牧区、半农半牧区；有城乡结合地区，还有边境地区；有蒙古族聚居区，有汉族聚居区，还有其他少数民族聚居区，还有蒙汉杂居地区。因此，典型村的选择必须兼顾这些类型差异。

根据上述考虑，我们在内蒙古最东部的呼伦贝尔市（原呼伦贝尔盟）选择了额尔古纳市恩和村。这个村既是中国俄罗斯族聚居区，又是中国东北部与俄罗斯临界的边境村。从该村社会发展可以观察中国边境地区俄罗斯族经济文化变迁轨迹。

在兴安盟选择了科尔沁右翼中旗高力板镇的国光嘎查。这是清末蒙地放垦后形成的村落，经济形态上经历了由牧到半农半牧的演变，在民族成分上是蒙汉杂居地区。由于地理区位上处于两省区（内蒙古自治区与吉林省）三地（吉林省通榆县、兴安盟突特旗、本旗所在地巴彦呼舒镇）之间，经济发展思路值得关注。

通辽市（原哲里木盟）是全国蒙古族人口聚居比例最大地区。我们在该地区选择了三个村，分别是扎鲁特旗东南部道老杜苏木保根他拉嘎查和扎鲁特旗西北部鲁北镇的宝楞嘎查，以及科尔沁左翼中旗白音塔拉农场二爷府村。这三个村都是蒙古族聚居的农业村落。扎鲁特旗的两个嘎查是清末蒙地放垦以后，在牧业地区逐渐形成的农业村落。新中国成立以后国家在内蒙古自治区建立了很多农场，对于科尔沁左翼中旗白音塔拉农场二爷府村的调查能够让我们对内蒙古地区农场的变迁及其经营现状有一个认识。

赤峰市喀喇沁旗地处燕山山脉深处，是清代前期（康熙）开始农耕化的地区，历经几百年，当地的蒙古族已经汉化，现在是以农业为主业、牧业为副业、汉族人口占多数的蒙汉杂居地区。喀喇旗王爷府镇富裕沟村是内蒙古的山村，对该村的调查能够开启一个窗口，了解内蒙古南部地区农村社会的基本情况。

锡林郭勒盟地处中国正北方大草原，正蓝旗赛音胡达嘎苏木和苏尼特左旗赛罕高毕苏木是典型的牧区，这两个地区保留着传统蒙古族的生产生活方式，受农耕文化的影响比较小。正蓝旗是察哈尔蒙古族聚居区，赛音胡达嘎苏木地处浑善达克沙地，传统牧业经济由于受生态环境恶化影响，已经难以发展。苏尼特左旗地处内蒙古的北部，是紧邻蒙古国的边境旗，因为环境恶化严重，正在执行"围封转移"政策。对这两个牧区嘎查的调查，可以让人们了解到草原生态形势严峻，以及牧业经济发展的困境。进而引发的思考是，在发展经济的同时，蒙古族传统文化怎样迎接社会转型的挑战？

呼和浩特市清水河县的窑沟乡老牛湾村，是内蒙古南部地区与山西偏关临界的一个山村，地处黄土高原丘陵区，临黄河和长城，与山西省仅一河之隔，在清代前期即有山西移民进入，是山西移民在内蒙古组成的汉族村落，也是有名的贫困地区。调查者以扶贫挂职方式深入当地生活，与当地干部密切合作，回顾历史发展历程，探索新的发展思路，尝试揭示这个村的前生今世。

呼和浩特市土默特左旗小浑津村是城乡结合部的蒙古族村落，这里蒙古族居民的语言和生产方式已经汉化，但是还保留着浓厚的蒙古族习俗。面临社会转型，生产方式改变，这个蒙古族村落如何保留自己的习俗，调查者希望通过努力，来揭示民族文化变迁的轨迹。

鄂尔多斯市（原伊克昭盟）准格尔旗十二连城乡五家

尧村濒临黄河，现是内蒙古自治区的新农村建设示范点。村落社区面临全面转型。既有生产、生活方式的变革，也有社区治理格局的转变。调查者准备对这种转型进行截面式描绘，展示该村改革开放以来取得的成绩及存在的问题。

巴彦淖尔市（原巴彦淖尔盟）杭锦后旗双庙镇继丰村地处河套平原与乌兰布和沙漠交会处，是内蒙古地区近代典型移民村。这里自然环境恶劣，但居民顽强地适应了生存环境，并通过长期奋斗使环境沙化得到遏制。改革开放30年来，这里的社会经济得到长足发展，调查者拟通过实地走访，入户恳谈，努力勾勒这个村的发展历程。

包头市达尔罕茂明安联合旗明安镇白音杭盖嘎查地处大青山北，是蒙古族为主的纯牧业区，因为生态环境恶化，根据国家政策已经全部禁牧。但是，如何安置当地牧民，涉及诸多问题，这在内蒙古地区推行城镇化及生态移民的实践中具有典型意义。

在初步择定调查点后，为了保证调查工作顺利实施，为了能够得到真实的调查材料，课题组采取了以下措施：

第一，选择熟悉典型村的专家学者担任主持人。内蒙古地区13个典型村的负责人可以分成两种类型：一种是在该村生活数年或者十多年，与村民熟悉，对该村的情况比较了解的人员；另一种是在调查村有特别熟悉的人员，能够起到引荐的作用。鄂尔多斯市五家尧村、巴彦淖尔市的继丰村、赤峰市的富裕沟村、通辽市的三个村、锡林郭勒盟的两个嘎查、呼和浩特市清水河县老牛湾村9个典型村的负责人都属于第一种类型。其他典型村负责人属于第二种类型。

通过选择熟悉并且与典型村有密切关系的专家学者担

任主持人，能够有效地消除调查者与被调查者之间的隔膜，消除被调查对象的顾虑，得到调查对象的配合，从而获取真实的信息。所选择的熟悉典型村的专家学者，大都是出生在典型村，高中毕业后因考入大学才离开了所在的村庄。他们在本村生活近 20 年，对本村的历史、环境、经济、政治、生产生活方式、风俗习惯、文化心理等，都有深切的感性认识，能够准确地表述本村情况。

第二，对参加调查人员进行业务培训。首先认真研读中国社会科学院中国边疆史地研究中心下发的有关本次调查的文件，参考其他省区调查成果。根据调查文件，结合内蒙古地区的实际情况，在多次商讨的基础上，拟定了内蒙古地区调查的大纲、调查问卷、访谈大纲、调查表，请有经验的调查人员介绍了调查中应注意的问题。

第三，选择清水河老牛湾村进行试点调查。老牛湾村距离呼和浩特市比较近，其他各村的主持人，首先到该村参与调查，得到一定的锻炼，取得一些调查经验，再开始本村的调查。

第四，对 13 个村的调查基本上采取线型推进的方式，没有采取平推的方式，目的是先开展调查的村能够给后开展调查的村积累调查的经验。

参与内蒙古地区典型村调查的学者多出身于历史学专业，在调查过程中，主要使用了历史学的方法，直接收集典型村的档案资料，通过访谈获得第一手的口述资料，通过调查问卷获得一家一户的数据性资料，通过观察获得感性资料。在通过不同方式最大限度地获取资料后，试图全面客观地描述典型村的现状及历史变化，目的是让读者对典型村的状况能有一个全面的认识。

第一次在内蒙古地区做这样一个比较大规模的调查，从我们的角度来说是一个尝试，受主客观条件的制约，调查成果肯定还有很多问题，我们期盼着同行的指正。

于 永　毕奥南

2009 年 12 月 1 日

前 言
PREFACE

  保根他拉嘎查位于扎鲁特旗东南角,北距道老杜苏木政府所在地25公里,西北距旗政府所在地鲁北镇75公里,总面积29.5万亩。村西1.5公里处有通(通辽)霍(霍林河)铁路经过,7.5公里处有304国道经过。现有新保根他拉、额尔敦淖尔、旧保根他拉、孟格图、哈日毛杜等5个自然村,分散居住着384户农牧业户,1440人,是典型的半农半牧村,属于以蒙古族为主的少数民族聚居区。

  内蒙古自治区和新中国的相继成立,以及改革开放,使保根他拉嘎查发生了翻天覆地的变化。尤其是家庭联产承包责任制实行后,保根他拉嘎查的政治、经济、文化等各个方面,都有了新变化和新气象。把这些变化描述出来,不仅能够让本村的人反思自己,也能够让外面的人了解保根他拉嘎查的变化,这是一件非常有意义的事情。适逢中国社会科学院中国边疆史地研究中心启动了"当代中国边疆·民族地区典型百村调查"项目,保根他拉嘎查因其具有从蒙古族游牧业经济演化为半农半牧经济的特点,成为内蒙古地区半农半牧地区的发展典型。

  由于"文革"期间大量档案资料被烧毁,扎鲁特旗档案馆现在只保存1963年以后的记录,而且很不完整。《扎鲁特旗志》对于保根他拉嘎查的历史有所反映,但很简单。因此,全面地、系统地、客观地反映内蒙古自治区成立以来保根他拉嘎查的社会变动及其经济、社会现状,需要大量的调查工作。

本次调查既采用了历史学的文献收集整理方法,也采用了社会学的田野调查方法。首先是从扎鲁特旗档案馆和扎鲁特旗党委、政府的各部门,以及道老杜苏木和保根他拉嘎查查阅了现存档案,然后根据课题组提供的访谈大纲、入户调查表、问卷调查表,进行了集中的访谈和调查。调查报告中的历史方面的内容主要是来源于档案和年长者的口述,现状部分主要是采访、调查重点典型户所得到的资料。保根他拉嘎查是笔者的家乡,因此,笔者对20世纪80年代以后的环境以及生产、生活等情况,比较了解,有很深的感性认识,现状部分的很多内容是笔者耳闻目睹的事情。因本村户数和人口比较多,分散居住和进城打工现象普遍存在,所以,笔者采取了挑选典型户以及个别访谈的方法来尽可能地展示保根他拉嘎查的文化现状。

调查报告以保根他拉嘎查概况、经济发展概况、基层政治组织、社会生活、文教卫生等五章内容,描述和分析了保根他拉嘎查农牧民近半个世纪以来的变化和现状。

调查得到了扎鲁特旗委办公室主任特古斯和档案局王局长的支持。访谈和调查保根他拉嘎查得到了保根他拉嘎查书记阿力塔、村长铁山以及副村长青格勒图等村委会成员的大力支持和老乡们的积极配合。中国社会科学院中国边疆史地研究中心的毕奥南研究员和内蒙古师范大学历史文化学院的于永教授,就调查及书稿撰写提出过不少有益的意见。在此一并表示衷心感谢。

第一章 保根他拉嘎查概况

第一节 保根他拉嘎查的基本情况

一 所在旗、苏木概况

扎鲁特旗位于内蒙古自治区通辽市西北部，东经 119°13′48″~121°56′5″，北纬 43°50′13″~45°35′32″之间。东和东北与兴安盟的科尔沁右翼中旗接壤，西和西南与赤峰市阿鲁科尔沁旗毗邻，南和东南与通辽市开鲁县、科尔沁左翼中旗交界，北与锡林郭勒盟的东乌珠穆沁旗、西乌珠穆沁旗及通辽市的霍林郭勒市相连。根据旗政府网站公布的数据，全旗2006年总人口29.1万人，由蒙、汉、回等13个民族组成。其中蒙古族有12.3万人，占42%。全旗面积1.74万平方公里，辖11个苏木（乡、

图1-1 扎鲁特旗行政区划图
（选自《扎鲁特旗志》）

镇），245个嘎查（村）。扎鲁特旗人民政府所在地鲁北镇距通辽170公里，距首府呼和浩特1560公里，距首都北京880公里，均有高等级公路连接。

扎鲁特旗南北长240公里，东西最宽110公里，版图形状为西北至东南呈狭长形。由于地处大兴安岭山地向松辽平原过渡的大斜坡地带，地势西北高东南低。根据地貌形状、成因、地质构造，全旗可分为山地地貌和平原地貌两大地貌单元。地形大体表现为北部多高山，中部是低山丘陵，南部为平原和沼坨地带。

扎鲁特旗地处中纬内陆温带季风气候区，北部属半湿润森林草原型，中部属半干旱山地草原型，南部属沙丘平原型。总的特点是四季分明，春季（3~5月）风多、降水少、升温快，气候干燥。夏季（6~8月）高温、高热、雨量高度集中。秋季（9~10月）比较短暂，入秋以后云量逐渐减少，能见度开始转好，日照充足，日夜温差加大，出现秋高气爽的宜人天气。冬季（11月至次年2月）寒冷而漫长，西北风多，雨雪少，气候干燥。由于扎鲁特旗所辖地域南北狭长，地势北高南低，且北部多山区，南部沙丘平原，其气温、降水量差异明显，因此经常发生旱灾、冰雹、风灾、雪灾、霜冻等自然灾害。

扎鲁特旗具有得天独厚的畜牧条件，畜牧业有着悠久的传统。清末民初放垦蒙地之后，才有了大规模的农业。中华人民共和国成立后，在扎鲁特旗各族人民的共同努力下，工商业迅速发展。政府现在的经济发展战略是"以牧为主，农牧林相结合"。

保根他拉嘎查现在归属于道老杜苏木管辖。"道老杜"是蒙古语，翻译成汉语是"七个"的意思。清光绪年间，科右中旗贵族韩达来与家族兄弟七人来此立村，因当时只有七户，故名"道老杜"。现在的道老杜苏木位于扎鲁特旗东南侧，距扎鲁特旗政府驻地鲁北东南55公里，南与科左中旗珠日河牧场、巴彦胡硕苏木毗邻，西与嘎达苏种畜牧场接界，北与黄花山镇相邻，东与兴安盟科右中旗巴彦芒哈苏木接连。道老杜苏木北部属半山区，南部多为沙漠丘陵地带，北高南低。道老杜河流经辖区中北部。道老杜苏木总面积1555平方公里，总户数1931户，总人口10083人，其中男5234人，女4849人；蒙古族9853人，汉族229人，满族1人。下辖22个嘎查，1所完全中学，2所小学，1所卫生院。通霍铁路从道老杜苏木内通过。

道老杜苏木的气候特点是春风大、夏炎热、秋雨多、冬严寒。年降雨量290～400毫米，全年无霜期180天。经济模式以牧业为主，农、林、商相结合。

二 保根他拉嘎查概况

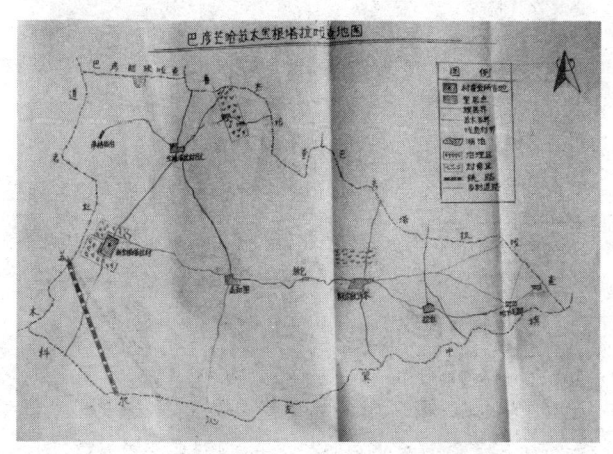

图1-2 2002年村民自己画的村地图

科尔沁沙地边缘的半农半牧村

　　保根他拉嘎查位于扎鲁特旗东南角沙丘平原。东起原巴彦芒哈苏木鲁杰嘎查花根他拉自然村,西到科左中旗珠日河牧场巴彦查干嘎查,东西宽20多公里。北起原道老杜苏木西热图嘎查,南到珠日河牧场二分厂,南北长22公里。东南角与科左中旗花胡硕苏木巴彦温都尔嘎查接连,东北角与原巴彦芒哈苏木洋井嘎查和巴彦胡硕嘎查毗邻,西南角与珠日河牧场三分厂交界。嘎查所在地保根他拉距苏木所在地道老杜25公里,距离扎鲁特旗政府所在地鲁北镇75公里。总面积165平方公里(29.5万亩)。以保根他拉、额尔敦淖尔、旧保根他拉、孟格图、哈日毛杜等自然村为主,分散居住着384户农牧业户,1440人。

图1-3　2007年8月、2008年12月调查时留影的新保根他拉嘎查面貌

从保根他拉嘎查所在地到各个居住点都是土路。在通霍铁路离村 1.5 公里处，设有毛告吐车站。通辽到鲁北的柏油路在村西 7.5 公里处通过，有沙土路从村庄通到柏油路。

三　村庄自然环境变迁

有关保根他拉嘎查的环境变化，没有详细的文献资料。入村调查时，村中老人回忆情况如下：

1949 年以前，保根他拉嘎查属于达尔汉旗（即科左中旗）温都尔王封地，地广人稀，以牧业为主，打猎为辅。清末民初，有了农业生产。保根他拉嘎查没有汉族移民，因地理环境特殊，很少受到外界的影响。村民种植玉米、糜子、荞麦等普通农作物和蔬菜、豆类等，规模不大，属于靠天吃饭。因此，人们的生产生活对环境影响不大。

20 世纪 30 年代，气候比较适宜，植被条件较好。保根他拉嘎查境内流淌着毛勒河、乌力吉木仁河，草木葱茏，森林茂密，分布着很多天然湖泊，连沙丘上都长满了柳条。这里经常出没黄羊、狍子、狼、野猪等野生动物。狐狸、野兔、大雁、野鸡等是猎人的囊中之物。即使在白天，小孩一个人也不敢出村。打猎时，人们经常采取放火烧杀的办法来捕获猎物。

20 世纪 50 年代开始，环境逐渐发生了变化。域内河流的上游修建了大型水库，河流完全断流，只有在雨季发生大洪水，上游的水库开闸放水，域内才能看到河水。

20 世纪 70 年代开始，外来人口逐渐增多、农业开发力度加大、对森林的砍伐及开垦面积急速扩大，对本地区的土地沙漠化起到了推波助澜的作用。20 世纪 50～80 年代，本地区多次发生旱灾、雪灾等自然灾害。尤其是旱灾，几乎每年都困扰着在这里生活的人们，可以说"十年九旱"。

巴彦芒哈苏木成了全旗乃至全盟有名的沙化和贫困地区。进入20世纪90年代以后，生态环境恶化程度更加严重。近20多年里，除了1998年严重的水灾年以外，每年都有不同程度的干旱。现在看不到湖泊和树林，更谈不上大型野生动物，只有极少数的狐狸、野兔等小动物和野鸟。牛羊等牲畜一年四季到固定的地方饮水，水井周围的草地严重沙化。

第二节 村庄的历史

一 沿革

扎鲁特旗是古老的蒙古族部落。根据确切的文献资料，明嘉靖三十九年（1560年），内喀尔喀五部征服三卫之一的泰宁卫之后，扎鲁特部开始驻牧在这片绿色草原上。清顺治五年（1648年），扎鲁特部正式分为扎鲁特左翼、右翼两个行政旗，都属于内蒙古六盟之一的昭乌达盟。1924年，建鲁北设治局（相当于县制）。1933年，废除县制。1935年5月，原扎鲁特左、右翼二旗合并为扎鲁特旗。1947年5月，内蒙古自治区成立后，扎鲁特旗由昭乌达盟划归哲里木盟管辖。

中华人民共和国成立前，道老杜苏木属科尔沁左翼中旗，1947年土地改革后划入扎鲁特旗六区，区政府驻地吉仁花，后迁道老杜村。1956年撤区划乡，建道老杜乡。1958年又撤乡，与巴彦芒哈、前德门、达米花、荷叶花等5个乡合并，成立道老杜公社，保根他拉生产大队属之。1963年，从道老杜公社分离出巴彦芒哈公社，保根他拉生产大队划归巴彦芒哈公社。1984年进行体制改革，属巴彦芒哈苏木，称为保根他拉嘎查。同年从本村搬迁的50多户村民另建立孟格图嘎查，但是仍属于巴彦芒哈苏木。1998年遭到大洪水冲击后，本地区几个村落的大部分房屋基本上倒塌。之后，周围的保根他拉嘎查、额尔敦淖尔嘎查和孟格图嘎查合并，在原毛图高庙旧址东侧建立了新居民村。2006年，同巴彦芒哈苏木六个嘎查一起合并到道老杜苏木，取消了巴彦芒哈苏木建制。

有关保根他拉嘎查的情况，古代文献中没有记载。清代中后期，本地区已经以毛图高庙、拉白庙为中心，分散居住着几十户牧民，属于达尔汉旗（即哲里木盟科左中旗）领地，辖于达尔汉旗闲散王公温都尔王。伪满洲国时期形成屯子。当时聚集了20多户原驻牧民努图克，建立围墙和炮台来保护村子，因为建村在保根芒哈西南侧比较平坦的碱土地上，所以被称为保根他拉艾力。努图克这里指一二家的驻牧地，"艾力"就是村子的意思。"保根他拉"是蒙古语，汉意为"有鹿的草原"。建村时，草甸子西北处有座坟墓，因此，也叫"翁根他拉艾力"。刚建村时，一度归西科中旗吉仁花努图克公所管辖。由于"保根他拉"是蒙古语地名，用汉语转写时，曾经被写成"宝干他拉"、"宝根他拉"、"保干塔拉"等多个名称。本文采用近期使用的"保根他拉"这个名称。

二　村庄的传说

关于保根他拉嘎查的名称，有几个版本。据保根他拉嘎查中老年人讲，这里曾经有很多野生动物生息繁衍，尤其是村子东北处的沙丘上，曾经长满了柳条等灌木林，是各种大小动物的自然屏障。多数村民听到过村名与鹿有关的传说。一说是达尔汉王曾经在这里射杀了一只鹿，或者

科尔沁沙地边缘的半农半牧村

达尔汉王从这里路过,看到鹿之后,命名这块沙丘为保根芒哈,即有鹿的沙丘。村庄一开始就坐落在此沙丘的西南麓平地,因此得名保根他拉艾力。另一个名字是说刚建村时,这里有几座坟墓而称之为"翁根他拉",是"有坟墓的平地"的意思,后来这个名称因不吉祥而被慢慢淡化和忘记。

除了上述保根芒哈的传说以外,人们记忆比较深刻的还有两个传说。

关于毛图高庙大树。这棵树已经有200多年的历史,是一棵榆树。周围一百多里的区域内,没有这么大的树。虽然遭到过大风和干旱,依然枝繁叶茂挺立在村头。毛图高庙大树被村民们看做是有神灵的树。据传说,这棵树是建毛图高庙时僧人的拴马杆长成的。那位高僧的灵气养育了它,同时给这一带的老百姓带来了好运。毛图高庙存在的时候,喇嘛们经常在这棵树底下举行念经跳神(即跳查玛舞)等宗教活动。之后,在它周围的草地上举办过那达慕大会等百姓娱乐活动。当时,这棵树和这座庙是附近的政治、文化中心。所以很多年以来,没有人敢砍伐它。近几年随着降水量的减少和宗教信仰的自由,有些村民又开始祭祀这棵树,并以它为中心开展各种社会文化活动。

关于"长息毛杜"和"巴特尔的查干",这是旧保根他拉村南边的几棵老柳树和光秃沙丘的名字。把老柳树称为"长息毛杜",是长寿树的意思,也有老人说是女性的象征。"巴特尔的查干"是"出英雄的地方"的意思。人们观念上认为在端午节清晨到"长息毛杜"和"巴特尔的查干",能够起到防病祛病的作用。每到端午节,村里人就早早起来,蒸好各种各样的馎馎,妇女们领着孩子,尤其是种完牛痘的孩子。男人们则拿着各色布条装饰的柳树枝,送到最高

第一章 保根他拉嘎查概况

图 1-4 2007 年 8 月、2008 年 12 月的毛图高庙树

的沙顶上。村里年长又有威信的奶奶辈的人集中大家拿过来的饽饽，随手撒在沙子上，让孩子们去争抢。这标志着村里人希望他们的子孙长寿，并成为英雄好汉。现在保根他拉嘎查搬迁到新址，离"长息毛杜"和"巴特尔的查干"远了，再加上村中老一辈的人陆续辞世，年轻一代没有什么信仰，便不再举行这项仪式了。

三 家族姓氏

（一）家族

本村形成较晚，伪满时期由本地的牧主和牧户二十来家组建而成。当时主要由包、马、吴、韩等家族组成。随着外来人口的增加，现在已经变成具有 30 个姓氏的大杂居村落。

（二）姓氏

本村现有 384 户，1440 人，都以男性户主的名字登记。蒙古族自古以来就有自己的姓氏，但很少冠于名字之前。因此很难知道每个人的姓氏。详细询问时人们都知道自己的汉姓，但是没有人知道自己姓氏的来源和蒙古族姓氏的本意，只知道自己家的前三代或五代祖先是属于哪个旗的，是从哪个旗搬迁来的。

据现有户口登记的详细记录和笔者的亲身调查，本村共有 30 个姓氏，按照户数多少排列如下：包姓 136 户、马姓 40 户、吴姓 24 户、白姓 23 户、韩姓 16 户、孟姓 13 户、张姓 12 户、李姓和杨姓分别 11 户。其余的姓氏有赵、孙、代、王、贾、来、宋、黄、刘、巴、海、高、胡、曹等，均少于 10 户。姓何、善、于、佟、安、岳、关的各 1 家。很多姓包的都认为自己是蒙古族古老姓氏孛儿只斤，和成吉思汗同姓。但全村姓包的都不认为是一个祖先的同一个家族。姓包的住户也分为达尔汗旗、图希业图旗、扎鲁特旗，也有台吉（贵族）和阿拉巴图（平民）的区别。10 户以上同姓家族是新中国成立前就居住在此地的大家族。

10 户以下的同姓户一般都是一个家族，极少数是后来从外地迁入本村的新户。

（三）家谱

由于本村历史上地处偏僻加之封闭落后和人口稀少等原因，没有形成修家谱的习惯。后来搬进来的新户也属于家庭生活并不富裕和没有文化的人，所以到现在为止未见有家谱的家族。多数家族只是通过口口相传才知道前几代的情况，并以同样的方式传给下一代。

（四）人物

本村地处偏远的沙丘地带，清朝长时期实施封禁政策，因此这里一直到1949年，都处于落后状态。因为建村较晚，村里人外出创业也是在60年前内蒙古自治区成立后的事情。村里未出现赫赫有名的历史人物。抗日战争胜利后，在东蒙古自治政府的宣传和号召下，本村有10名青年参加了东蒙古自治政府领导的革命军队。他们在解放内蒙古及中国东北的战争中，英勇战斗，作出了贡献。新中国成立后幸存的几个人转业到地方，成为一些部门的重要领导人。其中有罗布仓、苏德巴、拉希吉格木德等人。

20世纪70年代，罗布仓老人在通辽第一毛纺厂担任书记、厂长职务。

80年代，苏德巴老人在阿拉善盟额济纳旗公安局担任局长。

拉希吉格木德，1925年出生于本村扎木苏努图克。日本占领该地后，曾在本村毛图高庙日本人开办的学校读过两年书，学习了蒙古语、汉语、日语和数学等课程。学校教学断断续续，不正规，教学效果一般。1945年秋，本村几次遭到土匪骚扰，拉希吉格木德跟随同村其他青年到附近的舍伯吐参军。该部队当时被称为教导队，后来编为骑兵二团，拉希吉格木德被编入该团二连。1945年至1948年秋，他多次参加原哲里木盟科左中旗巴彦塔拉、通辽附近的剿匪战争，并跟随大部队和内蒙古自治军骑兵第一师协助八路军打击国民党军队，其所在的骑兵部队曾打到沈阳近郊。拉希吉格木德亲身经历过中国东北解放战争，头部和胳膊受过两次伤，后被提升为排长。于1949年入党，到乌兰浩特的内蒙古军政大学学习。1949年，奉命到呼和浩特附近参加解放内蒙古西部的战斗，曾担任过骑兵四师十一团作战教育参谋。绥远和平解放后，进驻固阳执行镇压叛军和保护铁路等任务，并于1958年结婚成家。这期间被提升为连长，到北京高级民警干部学校、高级军官学校学习文化知识。1966年"文革"开始后，被错划为"内人党"，受到非人的折磨，腰部严重受伤。"文革"结束后恢复其名誉，曾担任过呼和浩特市警备师管理科科长、战备办公室主任，在建筑学校、电台501室、内蒙古粮食厅、武装部等地方工作过。1982年他被调到内蒙古纤维检验监督局并担任该局局长，于1986年离休，最高军职为营长。

20世纪五六十年代，村里的年轻人在社会主义新中国的环境下，通过上学，认真学习科学知识来实现自己的理想。参加高考并考取大学的本村青年有伊任太、巴达拉、根敦、额尔敦白乙拉等。他们毕业后回到家乡，20世纪七八十年代，在本旗的教育战线上担任过局长、校长等职务。1978年高考恢复之后，本村青年学生大量考入大中专院校。现在在内蒙古自治区的各地，从事各种工作、担任各种职务的本村青年，已经达到80多人。

(五) 村志

本村属于单一蒙古族农牧民居住区，地处偏远，没有撰写史志的传统，到现在为止没有一部系统的有关村史的记载，更不用谈撰写村志的事情。不过关于全村的户口、牲畜等账单记录一直都有过，可惜在 1998 年的大洪灾中大部分被浸泡或丢失。本村现有的相关资料与原苏木的资料一起存放在扎鲁特旗档案局。但这些资料也只反映了 1963 年以后的部分内容。

第三节　村庄人口

一　民族构成

根据扎鲁特旗档案局现有的资料，在几个标志性年代，本村的民族及人口构成如表 1-1 所示。

表 1-1　1947~2007 年保根他拉嘎查民族、户数、人口变动表

单位：户，人

项目＼年份	1947	1963	1978	2002	2007
总户数	不清	153	163	357	384
蒙古族户数	不清	153	161	357	384
蒙古族人口	321	608	879	1444	1435
汉族户数	0	0	2	0	0
汉族人口	0	1	9	8	5
其他民族	0	0	0	0	0
总人口	321	609	888	1452	1440

注：2002 年以前数字不包括额尔敦淖尔自然村的人口，1963 年额尔敦淖尔村人口为 171 人，全是蒙古族，其他资料不详。

资料来源：根据作者根据扎鲁特旗档案局资料编辑。

由于保根他拉嘎查远离城市，沙地多，交通不便，不适合农业生产，因此一直保持着蒙古族聚居的状态。20世纪60年代，一个汉族农民与本村蒙古人结婚成家，搬进本村居住。20世纪70年代，有2户汉族家庭移居本村，其中一户是知识青年下乡带领全家来本村定居；另一户是来本村做木工的木匠与本村一位寡妇结婚有孩子后定居本村的。实行家庭联产承包责任制以后，这两户汉族，有一户回了故乡，另一户到外地经商。现在本村的5个汉族人，是本村村民与附近开鲁县的农村村民交往，或者到通辽市打工，恋爱成家之后，娶到本村的媳妇。到调查时止，没有一户汉族家庭，也没有其他民族的人口。2002年以后，保根他拉嘎查人口突然增长，原因是额尔敦淖尔嘎查和孟格图嘎查合并到保根他拉嘎查。

二　人口构成

根据扎鲁特旗档案局现有的资料，巴彦芒哈苏木和保根他拉嘎查在20世纪60年代人口较少。经过50多年的发展，进入21世纪，全苏木人口几乎增加了50%。最近几年，户数和人口有稍微减少的趋势。20世纪60年代，户均人口3.98人；21世纪初户均人口4.10人，相差不大。20世纪70年代的户均人口较高，达到5.45人。从性别比例来看，男性始终多于女性，不过没有出现大的比例失调。

表1-2　1963~2007年保根他拉嘎查人口变动情况表

单位：户，人

年份	巴彦芒哈苏木（公社）				保根他拉嘎查（大队）			
	户数	人口	男	女	户数	人口	男	女
1963	不清	3621	不清	不清	153	609	338	271
1978	不清	4906	2672	2224	163	888	479	409
2002	1310	5684	2940	2744	357	1462	830	632
2007	1302	5356	2980	2376	384	1440	760	680

资料来源：根据扎鲁特旗档案局资料和村委会现有的资料编辑。

因为没有详细的人口统计记录，无法了解历史时期保根他拉嘎查人口的年龄结构。根据2006年保根他拉嘎查人口统计，本村中年人占多数。也就是说20世纪60~80年代出生的人最多。其次为青年人，仅次于中年人。小孩和老人的人数相当，都占很少比例。这与实行计划生育政策和近几年来老年人不到70岁就因疾病死亡的人数增多有关（见表1-3）。

表1-3　2006年保根他拉嘎查人口年龄结构表

年龄	0~7岁	8~18岁	19~35岁	36~60岁	61岁以上
人数（人）	78	232	490	557	83
比例（%）	5	16	34	39	6

三　人口流动

本村刚建立时，居民只有20多户，经过70多年的变迁，截至调查时，已经发展成具有384户、1440人的大村落。

村落人口的流动与增长随迁出入人口的数量而变化。

（一）迁入

20世纪40年代中叶，日本投降，伪满洲国崩溃之际，这里发生了大规模的匪患。保根他拉嘎查2名年轻人被裹胁进土匪队伍，另有10名年轻人参加了革命军。村民经常遭到土匪抢劫，被劫掠后纷纷逃离家乡，投亲靠友四处居住。1947年5月，内蒙古自治政府成立，保根他拉嘎查的社会秩序逐渐恢复，一些村民陆续迁回故里。在他乡结婚成家的人，也领着新亲戚回到了家乡。此时，政府筹建新村，把附近村落的百姓都集中起来，建立乡级单位。临近保根他拉嘎查的科右中旗、扎鲁特旗等地方的一些村民，也搬进了保根他拉嘎查。到土地改革时，本村形成了有321人、60多户的中型村子。

20世纪50年代，除陆续返乡的人以外，还有从蒙古镇（现在的辽宁省阜新蒙古族自治县）等地方逃荒的近30户牧民迁入本村。

20世纪60年代，建立巴彦芒哈公社后，保根他拉嘎查作为公社的一个生产队基本定型，外来户大为减少，本村村民因人口增加分立的新户逐渐多起来。

20世纪70~80年代，本村人口猛增，基本上属于自然增长，只有入赘本村的八九个女婿，属于外来人口。

20世纪90年代，3户奈曼旗牧民，因为家乡遭水灾，由政府安排迁入本村定居。本村居民因娶媳妇，陆陆续续迁入了六七个人的户口。这时期，本村自然增长类型的新户仍占多数。1999年，合并三个自然村建立了新的保根他拉嘎查，导致保根他拉嘎查户数大增。

(二)迁出

20世纪五六十年代,除了4名学生毕业后在外地工作,3名老师因工作需要调走外,迁出的人口不多。整个70年代和80年代,除了因在苏木工作搬走几家外,没有迁出人口。90年代,大学毕业后留在外地工作的有40多名。2000年以来,求学和外出务工的人增多。据初步统计有60多名年轻人(包括全家)在外打工或找到工作。不过打工者的户口还在本村。

总体上看,从建村开始一直到20世纪80年代末,风调雨顺,本村自然环境和人文环境比较适合农牧生活,从外地迁入和自然增长的人口没有间断。20世纪90年代开始,自然条件逐渐被破坏,社会治安情况也不好,很多年轻人下决心从沙窝子走出去,通过考大学的方式离开了家乡。实施家庭联产承包责任制后,一部分生活水平下降的家庭,因无法维持生活,选择了到城里打工,过着背井离乡的生活。

四 人口素质与计划生育

(一)人口身体素质

成年男性身高一般在1.68米左右,女性身高在1.54米左右。身高普遍偏低,体重偏轻。由于从事体力劳动的人多,比较强健、耐力较好。这里很少举行那达慕大会等传统体育比赛,中青年男子的竞技体育水平较低。迄今为止,没有出现过旗级以上的运动员。据村民反映,近几年,青少年身体素质有下降的趋势。因为癌症、高血压等疾病死亡的人增多,长寿的老人极少,50~60岁之间的男性锐减。

与20世纪50年代初期相比,有遗传病、残疾的儿童的数字明显减少。

(二) 人口文化素质

2007年8月,笔者对保根他拉嘎查典型户进行了问卷调查,根据村民填写的问卷调查的相关内容,统计到典型户187位村民的文化程度(见表1-4)。

表1-4 保根他拉嘎查典型户187人的文化程度统计表

单位:人

年龄	本科	专科	高中	初中	小学	未上学	总计
60岁以上	0	0	0	0	6	7	13
50~59岁	0	0	0	0	11	3	14
40~49岁	0	2	3	10	11	5	31
30~39岁	1	2	3	13	19	2	40
20~29岁	5	2	1	17	13	0	38
20岁以下	—	2	11	17	13	8	51
总计	6	8	18	57	73	25	187

从表1-4可以看出,保根他拉嘎查的村民文化程度普遍偏低。初中、小学毕业人数占多数。小学和初中毕业的人数占受调查村民总数的68%。村民文化程度低的原因是,从20世纪80年代以后,村里的青年陆续有80多人考入高校,毕业后,90%以上的年轻人没有回村,留在了呼和浩特、通辽、鲁北镇等地工作;只有从哲里木盟师范学校和兴安盟师范学校毕业的4名毕业生,回到了村里。

学校教学全部使用蒙古语,每周只开设4节汉语课,所以村民汉语水平普遍偏低。村学校撤销之后,村民的读书条件恶化,家庭条件好的才能到苏木或旗所在的镇里念书。

随着大学毕业后找不到工作的人的数量增加，村民送孩子读书的积极性受到很大影响。这几年保根他拉嘎查农业机械化加快，农机逐渐普及，但会修理的人只有几个。科技人才、管理人才严重缺乏。

（三）思想素质

实施家庭联产承包责任制以后，大集体时代的集中开会或学习等活动已经不开展了。村民对国家政策、法规的了解很少，缺乏法律知识。多数人认为只有找人托关系才能办成事。村民的道德观还比较传统。由于20世纪六七十年代本村人口猛增，人口与资源、环境的矛盾日益尖锐，因此20世纪80年代初实行计划生育政策时，很多人都欢迎，多数妇女自动采取结扎等措施。计划生育政策已经深入人心，多数年轻夫妇只生育一个孩子。村民们对环境恶化、沙尘暴以及土地严重干旱等感到忧虑。有人指责机械化生产破坏了土地的生产力，有人指责使用化肥和农药导致粮食和蔬菜都残留了对人体产生副作用的化学物质。村民们虽然意识到这些问题影响了社会发展，但对如何解决这些问题缺乏深入思考，对外界信息了解有限，因此思想水平相对比较滞后。

第二章 经济发展概况

第一节 畜牧业经济

保根他拉嘎查的自然条件比较适合畜牧业，很早以来当地一直经营畜牧业，人们有很丰富的畜牧业经营经验。到现在为止，仍以传统畜牧业为主。

一 经营畜牧业的自然条件

（一）土地面积

据1984年出版的《哲里木盟地名志》统计，原保根他拉、额尔敦淖尔、孟格图三嘎查的土地面积分别为95平方公里、37平方公里、33平方公里，所以合并后的保根他拉嘎查的总面积应该是165平方公里。据保根他拉嘎查书记阿力塔介绍，全嘎查土地总面积是29.5万亩。

20世纪80年代初实行家庭联产承包责任制时，三个嘎查的土地面积和人口都不同。根据村民回忆，当时承包土地，都是按照村民人口平均。保根他拉嘎查人均承包的草场为70亩，额尔敦淖尔嘎查人均承包的草场为50亩，孟格图嘎查人均承包的草场为110亩。如果用简单的办法计算，把现有的全部土地面积 29.5 万亩除以 1440 人,人均应该能够承包 205 亩土地(草场和耕地)。但是,在第一轮土地承包过程中,完全沙化的土地不计入土地承包面积,半沙化的土地,按照沙化的程度进行折算后计入土地承包面积。在后来的土地承包过程中,保根他拉嘎查首先留下一部分土地,作为集体用地。其余的土地分成两部分,一部分按照村民的人口数平均分配;另一部分按照牲畜数平均分配(大小畜统一按照一定的比例进行折算)。在分配承包地的过程中,还需要把土地按照质量划分等级,同样的人口或牲畜数目,因为地的等级不一样,所承包地的亩数也不一样。由于有各种分配因素的影响,所以每户村民所承包到的土地面积很不一样。1999 年三个自然村合并之后,历史遗留下来的承包土地面积不同及其公平问题,成了最让村委会头疼的问题,也是村民对村干部意见最多的问题。

根据笔者 2007 年的入户调查,了解到几户典型村民的草牧场面积和牲畜情况(见表 2–1)。

表 2–1 保根他拉嘎查典型户 2007 年人口、牲畜、草场面积表

生活水准	户主	全家人口(人)	草场面积(亩)	牲畜存栏	平均草场面积(亩)
上等户	图某	4	1500	牛 54 头,山羊 235 只	375
中等户	哈某	2	742	牛 16 头,山羊 6 只	371
贫困户	高某	5	600	山羊 120 只	120

从这些数字可以看出,保根他拉嘎查的土地面积和土地资源是比较充足的。但是实际情况和数字并不一致。保根他拉嘎查地处沼坨地带,属于科尔沁沙地的一部分,土壤主要以沙质粟钙土为主,土壤肥力差,沙化风蚀严重,

可以有效利用的土地面积不到总数的50%。

（二）植被

保根他拉嘎查的土壤属于沙质土壤，与此相应，植被稀少，主要的植物种类有差不嘎蒿（中药名"盐蒿"，蒙药名"好您西巴嘎"）、隐子草、苔草、虫实、甘草、达乌里胡枝子（蒙古名，汉名"沙柳"）、麻黄等。

（三）水源

保根他拉嘎查海拔较低，不到300米，所以地下水位较高，很多地方都有水而且水质较好。没有河水和大型湖泊，每年降雨量也很不均匀。

（四）气候

根据近几年的统计和考察，保根他拉嘎查的气候属温带大陆性季风气候，年平均气温6.5℃左右，最高气温41℃，最低气温 -30℃，年积温3100~3400℃，无霜期140天左右，年降雨量300毫米左右，主要集中在6~8月，其中2001年降雨量不足100毫米，年蒸发量1900毫米左右，年平均风速4米/秒，风沙日数100天以上，全年多西北风。

（五）灾害

新中国成立前，保根他拉嘎查人口稀少，牲畜也少，所以植被条件较好，野生动物资源丰富，被称为"巴彦芒哈"，是"富饶的沙地"的意思。狼害、蝗灾、雪灾是当时威胁畜牧业的主要灾害种类。20世纪50年代初到70年代，这里的降雨量、气温、植被等自然条件仍比较好，农业、畜牧业快速发展，保根他拉嘎查的畜牧业在该地区占重要地位。20世纪80年代以后，尤其是进入21世纪以来，经营畜牧业的自然条件急剧恶化，成了全地区乃至全通辽市闻名的贫困村。风沙、干旱、鼠灾成了主要自然灾害。

二 畜牧业的经营情况

（一）畜牧点的变化

蒙古人传统的畜牧业经营方式是以游牧为主，一年四季寻找水草丰美的地方放牧。这种生活在本旗古老的蒙古长调《四季歌》里有充分的体现。

清朝统治建立后，各盟旗各有领地，大规模的游牧受到了限制。据保根他拉嘎查的老人们回忆，大约在清末民初，这里的人们以努图克（长期居民点的意思）的形式半固定下来。一个牧主带领几家阿拉巴图（家奴）和牧民，在较广阔的地域里盖起土房，经营牲畜，过着一种比较封闭的安稳的生活。现在保根他拉嘎查的很多地名都是按当时居住在当地的主人的名字命名的。伪满洲国时期日伪建立新屯，强迫牧民集中居住，但是很多牧民还是到距新屯二十来里路的原畜牧点去经营牧业。

内蒙古自治政府成立后，建立乡、生产队等组织，村民集中居住。土地改革后，村民仍以原住牧地为单位经营畜牧业。20世纪50年代，随着公社、生产队等公有制体制的建立，保根他拉嘎查的经营管理转入计划经济模式，由生产大队统一规划畜牧业和其他行业，但仍以保根他拉自然村为中心，周围建立了 20 多个牧埠（放牧点），男性牧民长期住在牧埠，承担看护牲畜、接羔、打草等主要工作。住在牧埠的社员十天半个月回一趟村里。生产繁忙时，村里派其他劳动力来帮忙。

20 世纪 80 年代初实行家庭联产承包责任制以后，村里的牲畜和牧场都承包给了各家各户，居民点增加了。第二次土地承包之后，由于按照人口和牲畜数量承包到每一家，以及 1998 年后建立的新居民点人畜分开等原因，现在村民在各自承包的草场上都建起了土房或瓦房，一家一户单独经营牧业。据村委会统计，这样的牧户有 246 家，长期居住在新村的不到 30 家。

图 2-1　现有条件较好的牧埠

（二）畜牧业政策的变化

保根他拉嘎查的畜牧业政策，经历过几次大的变动。

新中国成立前，保根他拉嘎查的大量牲畜和水草丰美的牧场，属于根敦、阿尤巴泽尔等几个牧主和毛图高庙、拉白庙的喇嘛等少数特权阶级私有。除少数的中等牧民稍微自由外，家奴是没有人身自由的。广大贫困牧民给特权阶层放牧或干家务，受到直接剥削和压迫。特权阶层主要以"苏鲁克"形式来剥削贫困牧民。

1948年12月至1949年1月，保根他拉嘎查实施民主改革。由于保根他拉嘎查属于半农半牧区，所以划分了地主、中农、贫农三个阶级。牧场等土地归属集体所有，牧主和中等户的家畜分给贫困户，实行放牧自由、农耕自由政策。从此贫下中农有了自己的畜群，成为了牧区的主人。

1953年开始建立初级合作社，1956年又建立高级合作社，全村大部分村民带着牲畜入社，社员的生产生活由合作社统一组织和安排。以原来的牧埠为基础，集中村民的牲畜建立新"苏鲁克"，允许村民有少量的自留畜，社员实行评工记分、按劳分配制度。

1958年成立人民公社，成立了保根他拉生产大队，大队之下组建了两个生产小队。牲畜、农业生产资料等全部公有化，部分家庭副业以及部分生活资料也实行公有制。保根他拉嘎查的农牧民也吃了几个月的"大锅饭"。1963年做出调整，保根他拉生产大队划归巴彦芒哈公社，允许社员有少量的自留畜、自留地和经营家庭副业。

1981年落实以"包干到户"为主要形式的牧业生产责任制和草牧场责任制。当时保根他拉生产队有160多户，900多名农牧民。按人口数量，承包了生产队的1万头（只）左右的牲畜。具体承包的情况是每个人分到2.7头（只）大牲畜（主要是牛和马），5.2头（只）小牲畜（山羊和绵羊）。1982年春季开始实行"牲畜作价归户、价款分期偿还"政策。平均1头牛按照50~70元，羊按照7~10元的价格，作价分给个人。生产队的社员们按户计算的话，每户大概需要交给大队 1000~4000 元（时价）的牲畜作价费用。到 1983 年，大部分的草牧场也划给了个体牧户。20 世纪 80 年代末，保根他拉嘎查采取让村民以牛羊折价偿还承包牲畜时的作价费，折算的价格高于同期的市场价格，还采取一次全部交清作价费者免除作价费的 1/3 等各种优惠政策，鼓励村民偿还作价的牲畜费。20 多户先富裕起来的牧民偿还了牲畜的作价费，但是大多数牧民无力偿还。有 30 多户农牧民，因经营不善已经卖光了所有牲畜，无限期地丧失了偿还能力，给中等牧户造成不良影响，很多有偿还能力的牧户也拖延不还。2005 年重新签订 30 年不变的土地租用合同，更详细地划分了牧场，因为三个自然村合并，贫富差距拉大，经过几番周折才调整了牧场面积和牲畜数量的矛盾。现在 384 户农牧民所承包的草场和牲畜虽然很不一样，但他们对土地界限和责任义务比较清楚了。

（三）主要牲畜的经营情况

根据扎鲁特旗档案局现有的档案统计资料、保根他拉嘎查几个年份的牲畜数据表示，50 年来，牲畜头数大增，尤其是山羊和牛的数量猛增，马、骡、绵羊头数减少（见表 2-2）。

表 2-2　1963~2002 年保根他拉嘎查主要牲畜变动情况表

单位：头（只）

种类 年份	牛	马	驴	骡	绵羊	山羊	总数
1963	1878	165	144	—	707	2684	5578
1977	4582	490	155	3	1897	3541	10668
2002	4482	210	35	10	112	16100	20949

如果上级部门不要求上报统计数字，村里就很少统计全村的牲畜数量。由于牲畜的出生、死亡以及买卖等变化太快，而且每家每户的经营情况也很不同，所以对384户农牧民的牲畜进行详细统计是一件很难的事情。2006年没有进行统计，所以表中缺少2006年的数据。

保根他拉嘎查的牲畜数占巴彦芒哈苏木牲畜数的比率很大（见表2-3），从数字上看，保根他拉嘎查牲畜总数占巴彦芒哈苏木10个嘎查总数的36.6%。山羊和牛的比例分别占38.3%和35.7%。马、驴、骡和绵羊的头（只）数不多，对百姓的生产、生活影响不大。因为牲畜的出生、死亡以及买卖情况不断发生，导致每年牲畜的数字都有很大差距，但是也能够反映保根他拉嘎查牧业经济的基本情况和在巴彦芒哈苏木中的地位。

表2-3 2002年原巴彦芒哈苏木与保根他拉嘎查牲畜数字表

单位：头（只）

地区＼种类	牛	马	驴	骡	绵羊	山羊	总数
巴彦芒哈苏木	12569	513	39	67	438	41990	55616
保根他拉嘎查	4482	210	35	10	112	16100	20949

20世纪70年代，保根他拉嘎查的牧民一直经营本地出产的蒙古牛。蒙古牛躯体虽小，但抗旱、抗寒、抗热、抗沙、抗病等能力都很强。不仅可以提供肉、奶，而且使役性能好，可以驾车和耕地。在生产队时期，十几户牧民偶尔杀1头3~5岁的犍牛，除了分肉吃，很多时候卖给城里的食品厂，出售牛肉的钱按村民的工分分配，余额做生产大队的日常支出。蒙古牛的乳和肉产量虽然不多，商品价

值不高，但很适合本地投入少、经营管理成本低的条件。家庭联产承包责任制初期，农户耕地时大量使用犍牛。现在，农业机械代替了耕牛。

每年的4月中旬到6月初，是蒙古牛的繁殖期。这时候牧民要特别注意母畜的产期和两岁小牛的丢失。因为牛牧放在野外，不圈养，所以需要提防刚出生的牛犊被狼吃掉，同时还要趁母牛产奶期调教它们。那时候的牛群，野性强，结扎两岁公牛时要费很大力气，生产队经常派体质强壮的男性劳动力到牧埠帮忙。

6月中旬到8月中旬是夏季。这时要将周围20多个牧埠生了牛犊的母牛都送到村里。生产队的妇女们集体挤奶，把鲜奶送到乳品厂或制作奶食品。这时期也是留在牧埠的牧民最轻松的时候，过几天看一次牧群就可以。牛群喝泡子的水，一般不越牧场边界。此时需要进行牲畜的防疫工作，几天就能完成。

8月末到10月中旬是短暂的秋季，气温适度，水草丰美。从村里赶回来的母牛，补充过冬的体力。整个牛群和各种动物都长膘。牧民最担心的是牛群闯入周围村民的庄稼地，糟蹋粮食等作物。秋末打完草收完庄稼之后，村里的男人们还要组织几次集体打猎。

10月末至第二年的3月是漫长而艰苦的冬季。气温骤然下降，需要牧民凿开泡子上的冰层或找个洼地打土井饮牛。同时在牧埠的棚圈里，牧民饲养种畜和老弱病幼牲畜。再加上白天短，照明取暖等条件差，牧民忙着家内家外的活儿，疲惫不堪。村周围凹凸不平的沙丘或土包，成为牛群过冬时避风、避寒的好地方，但不利于防窃。

20世纪70年代以后，生产队对牛的品种进行了改良，经营牧群的方式也发生了很大的变化。村西南侧距村 15 里处建了 2 个改良站,在扎鲁特旗畜牧局技术人员的指导下,引进了西门塔尔牛、草原红牛等比较适合本地自然条件的品种,到实行家庭联产承包责任制时,已经有了几百头改良牛。

图 2-2 现有村民改良的科尔沁红牛和牛群

实行家庭联产承包责任制,草场和牛等牲畜包产到户以后,畜牧业的经营方式发生了很大变化。居民点由原来的一个生产大队变成六个自然村,每个自然村有十来户。

只有十几头到一百头左右的小牛群，二百多头的大牛群没有了。一家或几家的几十头牛在几百亩到几千亩的草场范围里一年四季重复放牧。每户的草场界线画得很清楚。再加上这几年政府"退耕还林、退牧还草"的政策力度加大，给牧户发放草库囤草料，每个牧户都把牧场圈了起来，杜绝了偷盗和丢失牲畜的现象。冷配技术的成熟，商业化和机械化程度的提高，使全村90%的牛改良成了草原红牛。由于不让散放公牛，母牛怀孕全部依靠兽医的冷配技术。

适应商业要求，两岁的公牛都不阉割，不到3岁就卖掉。村民没有冰箱、冰柜等冷冻设施，又考虑到牛肉价格高等经济利益，不宰杀牛而吃猪肉的增多了。很多牧民在自己的牧场里盖房、搭棚圈，每天紧随牧群看护。由于精心看护，预防及时，牲畜的死亡率明显下降。除了1981年3月的雪灾和2001年冬天的雪灾死了很多牛以外，平时几乎没有意外死亡。1980~2000年的20多年里，牛的数量一直增加。最近几年连续发生旱灾，草场负担加重，牛的数量减少了不少。

20世纪80年代和90年代，大多数牧民自挤牛奶，制作奶豆腐、奶油等，供自己食用或卖给外地人。2004年以来，干旱加重后，很少看到或吃到自家制作的奶食品了。家庭食用奶食品时，从小卖店或从城市购买，连喂小羊羔的牛奶都得从商店买。

2001年，扎鲁特旗牧区开始实行禁牧政策。禁牧以后，牧户把牛圈在棚圈里饲喂。由于干旱，草场产草量下降，再加上牲畜头数增加，秋天打的草不充足。为了弥补饲草不足，牧户采取了种植玉米制作青储饲料，或从附近的农区买秸秆、玉米等方式。2007年，保根他拉嘎查周围的科尔沁左翼中旗农业区的玉米秸秆每亩卖30元。普通牧户一家需要储备30～40亩的秸秆才够牲畜食用。

保根他拉嘎查由于十几年没有降雨，周围的大小泡子都干涸了，只好人工打压水井。保根他拉嘎查海拔低，水位高，水质好，这几年气温上升，反而很适合饲养改良牛。

饲养牛等大牲畜，投入的饲料和劳动力最多。多数老牧民回忆过去经营牛群时，深有感触地说："现在的牲畜变成了我们的上帝，我们给它们服务呢！"牧民们饲养牛的毛收入增加的同时，生产投入也增加了。尤其是中等水平的牧户，生产开支增加，纯收入明显缩水。有些经济实力差的牧民，把饲养牛改换成山羊等投入少、收入增长快的小牲畜。

随着商品经济的发展，少数牧民注意到买牛犊，饲养后倒卖，能够挣可观的钱。一般是春节过后买牛犊，饲养几个月后再卖，挣差价。有的牧户甚至把自己的牛全卖出去，倒卖牲畜。他们觉得这比每天放牧过辛苦日子好一些。调查时发现，保根他拉嘎查专门做牲畜买卖的牧民有二十来人。长期以来牛肉价格一直上涨，养牛收入比较多，所以本村养牛户比较多，牛的头数也多起来。

很早以来，保根他拉嘎查就饲养着耐寒、耐粗饲料、耐久力强的蒙古马。牧民没有吃马肉的习惯，做马奶酒的习惯也很早就失传了。养马主要用于骑乘、耕地以及交易。

生产队时期，全村有过几群数量达上百匹的马群。马群的活动范围很广，很少接近牧埠和村子。对牧马人来说，春季是最忙的季节。母马在野外产崽，最容易被狼攻击或丢失，必须把马群赶到远离狼活动的安全地带。有时牧马人要在野外过夜看守马群。这时候也是3岁母马的发情期。马不能近亲交配，牧马人必须给这些马找个新家，来回跑几百里是常有的事情。生产队时期，曾引进过三河马等优良品种，由于没有采取人工冷配等措施，又很少卖马，所以马的改良进展缓慢。

在温暖的春天，需要对三四岁的公马结扎并进行骑乘训练。之所以选择春天是因为春天马瘦，力气不大。很多牧民还认为春天让马出汗，对马的肺活量和体力都有好处。把马群赶进又高又宽敞的大队的院子里，有力气、有技巧的几个小伙子，拿套马杆来拴住和压倒小马，然后由有经验的老人和兽医进行结扎、打印。有时也趁这个机会剪掉马鬃和马尾，用于结绳和制作苍蝇拍子。

夏天是马群最令人省心的时候，十天半个月去看一次，点清就可以。在这期间经常进行赛马。牧民从马群里把赛马调回来，训练一个月或更长时间之后参加比赛。人民公社时代，两个生产队各有一套四匹马的马车。当时担任马车老板子（马车倌）是比较光荣的工作。

秋天里马群最容易骚动、逃跑。马会随风跑动，稍微不注意就进入周边村庄的庄稼地，惹麻烦，引起争端。秋天，村民会卖出几十匹长膘的年轻马和老、弱马，换取生产资料和生活资料，不过价格低，数目不多，在经济收入中占的比重很少。

进入冬天，水泡子冻冰很薄时，马群自己能敲开冻冰，从水泡子饮水。水泡子的冻冰结厚了，马群就跑到土井边饮水。

骑乘和拉车的马都给草和饲料喂养，少部分体弱的马也送到牧埠舍饲。丢失马匹的事情经常发生。也有病死、累死、伤害致死的。

2004年以来，保根他拉嘎查马匹数量猛减。多数牧民认为，这与实行土地承包有关。土地承包以后没有大面积的土地，经营马群的活动场所没有了，失去了饲养马群的条件。另外，这几年农牧民的耕地减少，四轮拖拉机和二轮摩托车普及了，代替了马的功用。马的商品价格低以及连续几年的干旱，也是马群减少的原因。现在除了几个赛马爱好者的马以外，看不到马影了。村民出行骑摩托车，拉货时驾驶农用四轮车。

图2-3 村里仅存的几匹马和很多摩托车

驴和骡是为数不多的家畜。本地的驴和骡以家用为主,一年四季在村庄周围吃草,晚上回村过夜,冬天稍微补充饲料和饮水。驴体格短小,性格温顺,吃粗饲料,不易得病,容易饲养,妇女儿童均能饲养和使役。骡有驴骡和马骡之分,适应性和抗病力都较强,不用组群,因而不设专门的牧民看管。这里的驴和骡不属于集体所有,一直是个人的自留畜或私有牲畜,主要用于拉车、驮物、磨米、磨面等,少数老人或羊倌也用之乘罗鞍。生产队时期,每家的驴骡1~3头左右,不吃驴肉、骡肉及其奶,种地用不上,卖也不值钱,对农牧民的生产、生活影响不大。所以驴的繁殖一直顺其自然,没有对它进行改良。近几年,驴的数量大大减少,2006年全保根他拉嘎查只有15头。这是因为20世纪90年代以后,普遍使用机器加工粮食和食用商品粮。近几年,围封牧场使自由牧场减少,农用机械和摩托车普及,驴和骡的功用进一步丧失。虽然有收买骡、驴的客商,价格也较贵,但是驴骡的数量仍然很低。

20世纪60年代以前,保根他拉嘎查饲养的绵羊以本地的蒙古绵羊或与此类似的乌珠穆沁大尾羊为主,外表特征是鼻梁隆起,耳下垂,尾巴大,头部多呈黑色或褐色,全身白色。公羊有角,母羊大多无角,对严峻的自然条件适应性强,体大肉多,毛粗且产量低。牧民饲养绵羊主要是吃肉和使用毛皮,羊粪常用于燃火。以前保根他拉嘎查的商品贸易很多与绵羊有关。毡子、皮袄、毛衣、毛裤、皮帽子、毛袜等,都是由绵羊的毛皮加工制作而成的。20世纪60年代以后,保根他拉嘎查引进了新疆细毛羊、澳大利亚细毛羊等新品种,建立了改良站,采取了人工配种等措施。对粗毛大尾巴的本地绵羊进行改良，效果显著，曾多次受到上级部门的表扬和奖励。20世纪80年代初，这里的羊基本改良成了毛产量比本地羊多几倍的新品种，旧有的蒙古羊品种几乎绝迹。

绵羊一般秋冬季发情怀胎，第二年的清明前后产羔。村民经常把绵羊和山羊一起放牧，需要羊倌看护，晚上赶到牧埠的羊圈里过夜。绵羊很容易被狼等猛兽以及家犬攻击，牧民白天黑夜都要时刻注意和警惕。春天接羊羔时，200～300只左右的羊群，一个人人手不够，需要女劳动力帮忙。有的羊羔，母羊的奶水不足，还需要喂牛奶或米汤。

到夏初长草时，羊羔存活情况基本稳定。这时候要趁气温适度等有利条件，给小公羊阉割。随着食用青草量的增加，羊毛逐渐脱落，此时村里要组织全体劳动力剪羊毛，一周到十天左右就能完成。

夏天绵羊被苍蝇、蚊子等咬伤后，伤口容易生蛆，如果不及时治疗就不长膘或死去。

冬天把不长膘的老、弱、病、残羊留棚圈舍饲，其他羊在野外牧放。

实行家庭联产承包责任制后，保根他拉嘎查的绵羊只数锐减。这有几方面原因：首先，羊毛和羊肉价格偏低。其次，绵羊繁殖力较低，一般一年产一次羔，而且细毛羊存活力不高。再次，由于连年干旱，草场面积缩小，限制了养羊业的发展。另外，细毛羊的肉不好吃，村民习惯吃猪肉。这些都导致了养羊业的衰退。这几年，有些村民开始养黑头大尾巴大个头的乌珠穆沁绵羊，不过数目一直没有增加。

保根他拉嘎查山羊数量最多，是对牧民生产和生活影响最大的牲畜。20世纪60年代以前，这里主要经营本地的蒙古山羊。蒙古山羊全身披毛，大多为白色，毛粗硬，出少量绒，尾小产肉量少。公羊母羊都有角，身躯灵活，善于攀登。没有定产期，一只母羊一年两次或两年三次产羔，每次产一羔或两羔。生产队时，在牧埠周围同绵羊一起放牧。怀胎期控制在秋冬季，第二年初春接羔。几百只一群，十几天到20多天就产完羔。产羔时生产队派劳动力帮忙，或赶到村里分给每家每户照料，按承担的数目计算工分，年终按照工分发放劳动报酬。

山羊的生命力极强，春天青草虽然没有长出来，但它能够刨开土层，吃掉草根。每逢刮大风，羊群里的山羊就争着抢着吃被风吹出来的草根。5月，开始剪毛、抓绒。卖羊绒的收入仅次于卖牛的收入。夏天羊群回到牧埠，专门有羊倌看护。山羊比较机灵，热天或刮大风的时候一般不会落群，生虫时也很容易被发现和治疗。与绵羊相比，山羊的食量小，得病率低，预防费用也少。生产队时期，很多村民都有自留的山羊，到秋天膘肥时宰杀吃肉。这里没有奶羊和喝羊奶的习惯。到了冬季，生产队大量出售山羊，并宰杀数量众多的山羊，为牧民准备过冬的肉食。

1982年实行家庭联产承包责任制，每户牧民都分到了几十只山羊。刚开始时，几家组合成一群，轮流派人看管和放牧。作价承包以后，按家族或同一个牧场组成羊群放牧。20世纪80年代末90年代初，羊绒价格一直上涨，从出售羊绒中得到甜头的牧民，缩减绵羊数量，大量饲养山羊。同时，有些牧民还从辽宁盖县（今盖州）等地引进优质绒山羊，改良本地山羊，提高了商品率。据2002年巴彦芒哈苏木统计，全村 90% 以上的山羊是改良羊。比起本地山羊，改良羊的绒产量不但多几倍，而且绒的细度、长度、质量都好。很多牧民之所以先富起来，主要是靠养山羊。饲养山羊致富的示范效应，带动了全村养山羊的积极性。2000 年前后比较，养山羊的户数增加了几倍。甚至在城里有工作的干部，也来村里建牧埠，雇用当地人，租用草场养羊；另一个原因是连续几年的干旱，导致缺草缺水，很难饲养大牲畜，于是适应力强、投入少且具有较高经济收入的山羊多起来了。本地有"要想快富就养羊"的俗语。致富欲望强烈的人们，不顾劳累，一年四季无限制地接羊羔，几年之间就有了成群的羊。但是牧场面积有限和环境破坏加剧，迫使保根他拉嘎查不得不减少羊群的数量。2003 年开始，扎鲁特旗政府采取了强有力的禁牧政策，禁止乱放乱养。

饲养山羊曾经给保根他拉嘎查的牧民创造了富裕生活，同时也带来了严重的环境问题。

图 2-4 草场上的羊群和饮水情况

三 畜牧业对本村百姓的影响

畜牧业是本村的支柱性产业,村民的经济收入主要来源于畜牧业。从 1949 年以前的私有制到生产队的集体所有制,再到家庭联产承包责任制时期,畜牧业收入一直都在牧民收入中占据首要位置。

根据保根他拉嘎查会计的回忆,各个时期牧业收入在全村收入中大概占 70%～90%。牧民的衣食住行大多依靠牲畜交易换取现金,不同时期主要牲畜的商品交易比例有所变化。通过对保根他拉嘎查领导及老人们的访谈得知,卖牛始终排在牧民收入的第一位。生产队时期马和驴的收入仅次于牛,然后是绵羊和山羊。卖牛主要是把牛肉卖给盟和旗的肉食品厂,以及附近的吉林省、辽宁省的肉食品厂;另外还有牛奶和奶制品的收入、少量的牛皮收入等。马和骡、驴按体重、颜色、体形进行交易,只起到补助作用。绵羊收入主要是依靠出售羊毛、羊皮、羊肉获得。山羊收入主要是出售山羊绒和山羊毛,其次是山羊皮和山羊肉。实行家庭联产承包责任制后,马、骡、驴以及绵羊数量锐减,主要牲畜的商品种类也发生了很大变化。出售肉牛和母牛的收入在总收入中仍占首位。这时交易渠道增多,除了出售给食品公司外,个体老板和周围农村农民的收购数量也增加了。出售山羊的收入仅次于出售牛的收入。羊绒收入急剧上升,排到第二位。有些年份,在有些人家,羊绒收入甚至超过卖牛的收入。按地貌地形特点来看,南部地区沙地多,相对于北部地区牧业占优势,牧业收入多于农业收入。

畜牧业是牧民生活必需品的主要来源。新中国成立前至生产队时期，牧民对这种生活必需品的依赖性非常大。保根他拉嘎查牧民的食品以粮食、肉食为主，奶食、蔬菜、果类为辅。肉食中除了猪肉最多外，对绵羊肉、山羊肉、牛肉，分不同季节大量食用。夏秋时节多吃绵羊肉和山羊肉，冬天食用少量的牛肉。牧民不吃马肉，很少吃驴肉。奶制品只有牛奶一种，夏初卖牛奶，制作少量的奶食品，夏末制作大量的过冬食用的奶食品。20世纪80年代以后，自食的只有山羊肉，用量每年减少。逢年过节或举行婚礼等重大宴席上，以绵羊肉、牛肉（这些肉都从市场上购买）为主。奶食品的种类有用牛奶制作的酸奶、奶豆腐、奶油等手工食品。2004年后，遭到连续几年的干旱，整个保根他拉嘎查便没有几个人能够制作奶食品了。少数爱吃奶食品的人只能从市场上购买。

很多畜产品还是牧民制作生产、生活用品的材料。牧民将牛皮鞣制后，除制作马笼头、马鞍、马绊子、套马杆等马具以外，还制作皮靴、皮袋、皮带、皮绳子等生活工具。马鬃和马尾是编织绳子和制作苍蝇拍子的最佳材料。用绵羊皮手工制作的皮大衣、皮袄、皮裤、皮帽等，用羊毛擀制羊毛毡，手工编织的毛袜等，都是御寒保暖的上等生活用品。用山羊羔皮精心制作的皮袄和皮坎肩等属于高档消费品。另外，牛粪、羊粪等也是取暖、做饭、烧水最主要的燃料。近几年随着商品经济的发展，交通条件的改善，以及气温的上升，这些畜牧产品越来越少了。

1975年生产队的牲畜达到1万头（只），为此举行了那达慕大会，村民们因此知道当年的牲畜数量，除此以外，一般不了解每户牲畜的详细情况。根据保根他拉嘎查现有的 2002 年的资料和我们入户调查的 2007 年的统计数据,这 5 年无牲畜的户数明显增加,有 300 头(只)以上牲畜的大户只有 1 户。有 50~300 头(只)牲畜的中等或中下等户数不变(见表 2-4、表 2-5)。

表 2-4 保根他拉嘎查 2002 年和 2007 年牲畜数量表

单位:户

牲畜数量 年份	0头(只)	1~50头(只)	51~100头(只)	101~200头(只)	201~300头(只)	301~400头(只)	401~500头(只)	501~600头(只)
2002	40	120	73	52	25	26	4	1
2007	101	98	83	77	24	1	0	0

表 2-5 保根他拉嘎查 2002 年和 2007 年有畜情况表

单位:户

年份	总户数	有畜户	无畜户	有大畜户	有大畜小畜户
2002	341	301	40	262	278
2007	384	283	101	143	69

2002 年的数字是扎鲁特旗档案局的资料,2007 年的数据是笔者入户调查得到的资料。总体上看,与改革开放初期比,全村的牲畜减少了。

现在村民的牲畜种类主要以牛和山羊为主。牛和马、驴、骡属于大畜,羊是小畜。这里不包括猪、鸡、鸭等。2007 年养牛最多的户达到了 100 多头,养山羊最多的一家超过了 300 只。2007 年夏天,全村的马不到 30 匹,驴不到 20 头。

另外一个大的变化是家庭联产承包责任制实施初期,每家都有牛羊,开展多种经营,现在只饲养牛或只饲养山羊的牧户多起来了。这是商品价格变化和草地被破坏的结果。有的村民认为养山羊合算，就卖掉牛等大畜，专门饲养山羊。严重的干旱和劳动力的不足，也使村民不得不经营投入少产出多的山羊。像以前那样，比较稳定地饲养一种或几种牲畜的牧户少了，饲养的牲畜种类在一年四季换来换去的牧户增多了。有些人家，父母与孩子的户口虽然分立，实际上两家牲畜等财产都在一起，所以很难分清每家每户牲畜的头（只）数。

总体看，这几年保根他拉嘎查的牲畜明显减少了，尤其是牛、马、驴等大牲畜减少了，山羊数目相对少一些。无畜户以及无大畜户明显增加。没有牲畜和牲畜数量少的人家，多出门打工。打工、雇工、经商的人多起来了。

2006~2007年度典型户一年收支情况如表2-6所示。

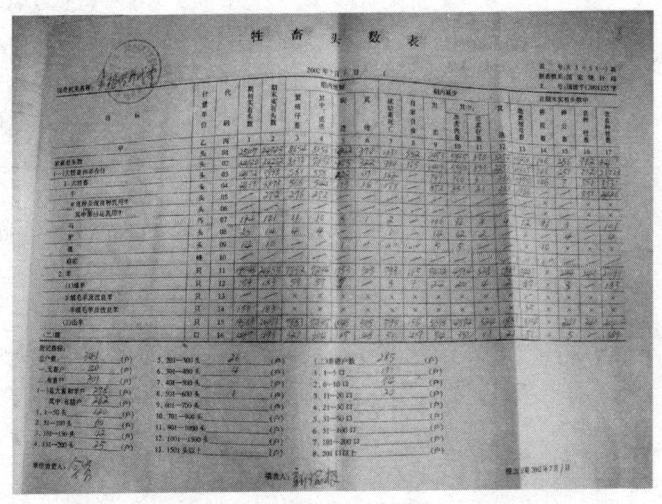

图2-5 扎鲁特旗档案局所藏2002年度牲畜统计表

表 2-6　2006~2007 年度典型户一年收支情况表

生活水准	户主	年龄(岁)	人口(人)	收入	支出
上等	韩某	31	4	存栏 88 头牛、40 只鸡。收入:出售 26 头牛,经商(贩卖牛羊等生意)。共计 7 万元左右。	消费 2 只羊、2 口猪、10 只鸡。支出:生产 4 万元、教育费 3000 元、交通 5000 元、通信 1200 元、饮食 3000 元、医疗 2500 元、衣物 3000 元、人情往来 5000 元。共计 6 万多元。
中等	那某	37	6	存栏 27 头牛、3 口猪、10 只鸡。收入:卖 7 头牛、打压井、工资。共计 3 万元左右。	自食 2 口猪。支出:生产 5000 元、教育 1.6 万元、交通 400 元、通信 1200 元、饮食 5000 元、医疗 4000 元、衣物 1000 元、人情往来 3000 元。共计 2 万多元。
下等	包某	37	4	存栏山羊 50 只、2 口猪、10 只鸡。收入:卖羊绒、卖 29 只山羊。共计 1.5 万元左右。	自食 1 口猪。支出:生产 5000 元、教育 4000 元、交通 100 元、通信 400 元、饮食 500 元、医疗 1000 元、衣物 1000 元。人情往来 1000 元。共计 1.3 万元左右。
贫困	满某	45	6	存栏山羊 30 只、2 口猪。收入:卖 6 只羊、羊绒、1 口猪。共计 5000 元。	自食 1 口猪、8 只鸡。支出:生产 200 元、教育 1000 元、交通 30 元、通信 600 元、饮食 2000 元、医疗 1000 元、衣物 100 元、人情往来 700 元。共计 6000 多元。

资料来源:据笔者 2007 年夏入户调查编辑。

第二节 农业发展

一 开垦历史

据老人们忆述，保根他拉嘎查清末民初就有过农垦。不过没有犁耕，也没有垄作。村民种植糜子的方式是先撒播种子，然后由牛和马等畜群踩几遍，夏天也不铲地，到秋季成熟后收割。如遭遇干旱，庄稼长势不理想就不收割，用于放牧。到了20世纪三四十年代，几家牧民联合，把自己家种植的大瓜子、豆类等农作物，载上牛车拉到舍伯吐、通辽等地换取生活必需品。从这个现象可以判断，20世纪三四十年代，这里有了一定规模的农垦，开始使用犁、铁锄头、镰刀等农具耕种，用畜力来拉犁，有了较细致的农耕。农耕技术是从附近的农耕化的科尔沁左翼中旗的农民那里学到的，或者是由从更远处迁移过来的喀喇沁、郭尔罗斯旗人教给本村人的。据老人们说，高力板（科尔沁右翼中旗）生产的铁农具质量最好。

1947年内蒙古自治政府成立以后，这里与其他地方一样实行了土地改革，废除了土地私有制，建立起了互助组、合作社、人民公社。后来在"农业学大寨"、"自力更生"、"农牧共同发展"等口号下，保根他拉嘎查大力发展农业，耕地面积和农作物种类都大大增加了，但在集体经济时代，始终未能改变吃国家"返销粮"的现象。

1982年实行农牧业联产承包责任制，大大调动了农牧民的积极性。20世纪80年代中期开始，村民学会了机械农耕。农牧民每家每户都大面积播种各种粮食作物和经济作物。20世纪八九十年代,一度出现农牧业大丰收的局面。但是,近几年连续干旱以后,农耕面积急剧萎缩,很多农民转营牧业,农业比例又缩小了。现在很多人家只种植青储等作饲料的植物。

二 农业基础条件

(一) 耕地面积

保根他拉嘎查位于科尔沁沙地,高产量的耕地很少,每年都是根据年景种地,因此,每年的播种面积不同。根据扎鲁特旗档案局提供的资料,保根他拉嘎查1963年上报的实际耕地面积为9084亩,1978年为4610亩,2002年为805公顷(大概有12075市亩,这里包括了额尔敦淖尔嘎查的耕地面积)。这些数字表明不同年代农耕规模不一样。与保根他拉嘎查29.5万亩的土地面积相比,耕地面积比重微不足道。20世纪60年代到90年代,生产队和家庭联产承包责任制初期,保根他拉嘎查大规模开垦,农业规模有了较大发展。尤其是实行家庭联产承包责任制以后,耕地面积明显增多了。20世纪90年代中期开始,随着旱情加重,除了极少数有灌溉条件的几户村民以外,大多数村民逐渐放弃农业转营牧业,耕地面积大大减少。

从土地质量上看,保根他拉嘎查的北部、东北部,土层较厚,土质丰腴,适合种植粮食作物;南部、东南部沙化严重,不适合农业生产。

(二) 水利条件

1949年以前,毛勒河和乌力吉木仁河流经本村的南部和北部。河道附近肥沃的土地里覆盖了各种植被，布满了大小湖泊，生物资源较丰富。20世纪50年代，随着上游修建大小水库，这些河流逐渐干涸。因为没有条件灌溉，庄稼全靠降雨。每年的5~8月是降雨最集中的时候。降雨量多的年份能够达到500~800毫米，一般年降雨量在300~400毫米之间，少的年份降雨量仅有100毫米左右（2001年）。风调雨顺就能够获得丰收，降雨偏少就减产。村庄海拔低，地下水位较高，地下水资源较丰富。生产队时期很重视打井，用地下水灌溉。这几年连续干旱，政府重视扶贫，1997年开始设立"三亩田"建设项目，在原旧村遗址上开辟了2000多亩水浇地，打了4寸塑料管机井34眼。1998年大洪水，导致部分机井被掩埋，剩余的机井不够用，2000年又重新打了22眼水泥机井，灌溉面积扩大到3000亩。

（三）农业灾害及防治

保根他拉嘎查处于半干旱地带，对农业影响最大的灾害种类是旱灾，尤其是夏旱、秋吊，对农作物的收成有直接影响。农作物遭遇几天干旱收成就大减，干旱严重则颗粒无收。由于干旱，保根他拉嘎查以歉收著称。为了抗御旱灾，生产队时期开展"农业学大寨"活动，采取过打机井、修水槽等措施。但地形不平，土质差，再加上费用高，技术水平低，只是满足了平坦耕地的灌溉。

保根他拉嘎查偶尔发生病害、虫害、冰雹等自然灾害。经过几年的飞机撒药，曾经常年困扰农牧民的蝗灾基本消失。

牲畜对农业的破坏也不容忽视。很多耕地在牧场里或牧场附近，稍微不注意，牲畜就吃掉青苗和庄稼。农牧民之间经常因此发生纠纷。为了防止牲畜闯入田地，村民最初采取挖沟的办法,后来采取拉铁丝网的方法,这些措施有效阻止了大牲畜。

收获之后,农田里放牧,减少了土地肥力,加剧了沙化程度。此外,频率高、强度大的风对耕地的沙化,以及庄稼的收获有较大的影响。面对连年的大风,在保护耕地和增加牲畜这两者的选择中,多数村民把经济利益放在首位,既不愿意减少牲畜又不减少耕地面积。

偶尔有霜冻等自然灾害,也影响本村村民的农业收入。村民个人缺少积极有效的防灾措施。在上级技术人员的指导下,村民才开始采取预防或补救措施。

三 农业的经营方式

(一) 作物种类

保根他拉嘎查长年种植的粮食作物有玉米、高粱、谷子、黍子、糜子、荞麦等,经济作物有大豆(黄豆)、绿豆、杂豆、蓖麻子、黑瓜子(大瓜子)等,蔬菜、瓜类有白菜、土豆、萝卜、大葱、大蒜、韭菜、茄子、辣椒、西红柿、黄瓜、香瓜、西瓜等。根据扎鲁特旗档案局资料,本村 1978 年和 2002 年种植的农作物情况见表 2-7、表 2-8。

表 2-7 1978 年保根他拉生产队农作物播种种类及面积

单位:市亩,公斤

种 类	粮食作物				经济作物			蔬菜、瓜类	
品 类	玉米	高粱	谷子	其他	蓖麻子	烟叶	其他	蔬菜	瓜类
面 积	1850	470	480	1300	40	50	300	40	50
总面积	4100				390			90	
单 产	173	55	51	81	—			—	
总 产	322160	28590	24390	106140	—			—	

第二章 经济发展概况

表2-8　2002年保根他拉嘎查农作物播种种类及面积

单位：市亩，公斤

种　类	粮食作物						经济作物	其他
品　类	谷物	玉米	高粱	黍子	糜子	荞麦	绿豆	青储
面　积	371	290	80	40	29	40	167	267
总面积	850						434	
单　产	—	600	125	150	225	300	—	—
总　产	385000	348000	10000	1000	14000	12000	—	—

　　与1978年比较，2002年粮食种植面积大大减少，但每亩的产量提高了，高粱种植面积减少，蓖麻子、烟叶等经济类的作物消失，青储饲料的种植面积大增。这与土地的肥力和市场变化有关；另一方面也反映干旱加重，依靠地下水灌溉的作物增多了。

　　2006年保根他拉嘎查没有进行农业普查。据2007年笔者的入户调查，很多人家都不种植粮食作物，仅种植少量的青储玉米和自己食用的蔬菜。豆类等经济作物已经不种植了。

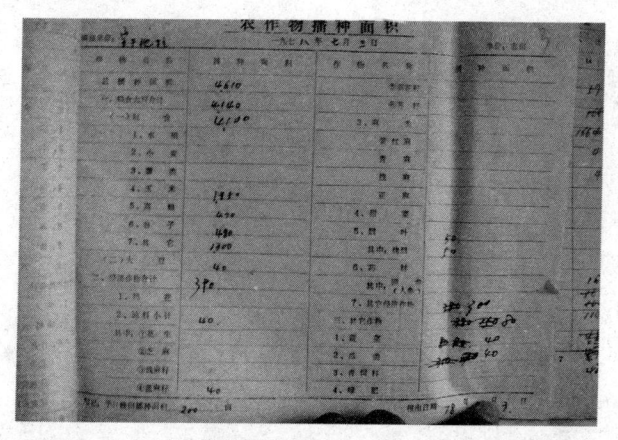

图2-6　扎鲁特旗档案局所藏1978年农业统计表格

（二）农作日程

玉米在4月20日至5月5日期间播种，5月中旬出苗，6月末拔节，7月中旬孕穗，7月末开花，9月中旬成熟。高粱、谷子、大豆等在立夏（阴历四月中旬）后播种，荞麦、糜子、绿豆、黑瓜子等属于晚田，芒种（阴历六月上旬）后播种，主要的蔬菜等在初伏（阴历七月中旬）前后播种。如果到了立夏还不下雨，只能先播种然后再等雨。夏天进行铲地、翻耙等作业，秋天收割，初冬基本结束农活。

（三）耕作技术

选种：生产队时代，粮食作物和经济作物种子由集体统购，或接受上一级政府的安排，在生产队领导的统一指导下选定种哪种作物。家庭联产承包责任制实行以后，各农户种植自由了，自己留种子或从市场上购买，或从亲戚朋友那里借种子。蔬菜瓜果一般自留上一年的种子。保根他拉嘎查、道老杜苏木的领导多次宣传、鼓励选择优良种子，上级单位的技术人员也来指导，但农户还是相信邻里之间收成的实际情况，很少接受上级的指导。近些年随着电视的普及，从电视中得到种子信息，有些农户开始尝试种植新品种。

耕地：保根他拉嘎查是半农半牧地区，牧业占优势，秋天收获后，对农地不进行翻茬作业，留作草场使用，牧放牛羊等牲畜。很长时期不施用肥料，因此半沙化地区不到3年，地力便已耗尽，重新找相对肥沃的地块，进行迁移式耕地。玉米、高粱、谷子等长到夏末时进行翻耙。在临近人家的地方或庭院里种植蔬菜,种植规模不大,人工翻地。

播种:保根他拉嘎查主要以人工和半机械播种。玉米、高粱等粮食作物和黑瓜子的株距大,根据土壤的肥力和雨水情况,一般留60~80厘米,铲草时适当地调整株距。黍子、糜子、荞麦等以人工撒种子,种植间距比较小。当地靠天吃饭,没法人工灌溉,单位产量低,村民们以为多播种才有可能多收获。农业耕作一年一熟,靠播种期降雨下种,春天不下雨就等夏天。夏天下雨就播种晚田。偶尔有轮耕,开始播种大瓜子、糜子,第二年种玉米、谷子等。

施肥:从前地多人少,很多时候不施用肥料,而采用休耕法。地力消耗大了就抛荒,换个地方种。生产队时,开始重视施肥,在村落周围的少量田地里施农家肥。实行家庭联产承包责任制以来,重视增产,逐渐施用化肥。施用的化肥主要有二铵、尿素等,用量少,耕地对化肥的依赖性不大。

铲草:禾苗长出之后铲地除草全部靠人工,此时全家男女老少全部出动,要铲两三遍草。一般情况下,玉米、大瓜子等作物铲两次,高粱、糜子、黍子等作物铲一次,荞麦、青储玉米等不铲草也可以。雨水多,杂草长多了还要除草。从未使用过除草剂等农药来铲草。

收获:秋天是收获的季节。最先收割早熟的荞麦、绿豆,然后收糜子、黍子、高粱,最后收玉米、大瓜子等。庄稼成熟后,果实容易落地,另外牲畜也易糟蹋庄稼,所以必须抓紧时间收割和收场。收割时使用传统的镰刀等工具。每年的9月、10月是最忙的时期。收割的农作物除了大瓜子在野外收场外,都用车运到村里的场院。生产队时,在生产小队的院里集体收场,用畜力和人力到冬天才能收完。土地承包以后,每家每户单独收场,规模小,加上使用机器,很快就收完了。

(四) 农业工具

保根他拉嘎查的农业工具大体上经历了原始畜力、手工木器、铁器到小型机器等四个阶段。据老人们说,最早种地时,牧民赶着马群或牛群来回踩几遍以后,撒播种子,然后又让牧群踩着填埋种子,等到秋天成熟后收场。1949年前后,普遍使用木架铁犁、木柄铁铲、木柄钢镰刀等农具,并用牛马等畜力来翻地。生产队时代,用大型拖拉机和铁铧犁来耕地播种,不过全村只有两台拖拉机,经常用牛马等畜力补机械的不足。很长时期仍用铁铲、铁镰刀来人工铲地和收割。家庭联产承包责任制以后,随着条件的改善,很多农户都买了小型拖拉机,利用四轮拖拉机翻地、翻耙和运输收获的庄稼。畜力基本淘汰,但是铲地、收割等作业还是靠人工完成。

四 农业的影响

农业虽然不是保根他拉嘎查的传统经济和支柱性产业,但粮食和蔬菜是村民不可缺少的生活必需品。农作物是村民食物的主要来源。

这里最悠久、最有地方特点的粮食作物是糜子和黍子。糜子可以炒着做干粮吃,也可以单独煮或和大米一起煮着吃。很多人都习惯和奶食品搅拌着吃。一年四季都能吃,一般当做早餐,特别适合工作繁忙和耐力劳动时食用。这里没有奶茶和炒米一起熬着吃的习惯,而是泡在开水里,放奶油、砂糖搅拌在一起吃。黍子加工后,在冬天和春天偶尔吃,煮粥或做年糕。玉米、高粱、谷子是生产队时经常食用的粮食,煮饭或做饽饽后跟牛奶、菜汤、炒菜、咸菜一起吃。每家每户都种植蔬菜,种类很多,不过产量不多,只能保证一家的需要。夏季食用最多的有小葱、黄瓜、小白菜、豆角。秋天食用最多的有土豆、白菜、大萝卜、胡萝卜等。冬天食用最多的有自己腌的咸菜和酸菜,还有夏天储存的干豆角、干茄子等。春天是粮食和蔬菜贫乏期,多食用豆类和野生沙葱等。随着农业的发展,村民食品当中粮食和蔬菜的比重增加,传统的肉类和奶食品减少了。这几年,随着商品经济迅速发展和生态环境恶化,传统食品被购买的大米和白面代替,很多蔬菜都靠村里的小商店供给,冬天也能在小商店买到新鲜蔬菜。还能够随时买到苹果、李子、橘子、香蕉等外地出产的水果。

有些经济类作物成了村民的主要经济收入来源。1949年以前,这里的村民丰收之后赶着牛车,把大瓜子、蓖麻子等土特产拉到舍伯吐、通辽等城市,以物换物,换回日常必需品。生产队时期,主要经营粮食作物来满足自己的需求,同时种植大瓜子、蓖麻子、葵花等。遇到丰收年景,通过大队统销后,分配给社员作劳动报酬。实行土地承包制度以后,随着市场经济的发展和气候条件的变化,村民的农业经营也发生了变化。最初种植大面积的大瓜子,有些家庭的收入超过牧业收入。大瓜子降价后,开始种植绿豆等作物。多数人家都种植绿豆,同时有些家庭也进行玉米、谷子等粮食作物的贸易。20世纪八九十年代农牧民收入普遍提高。近几年连续遭到干旱,生态环境恶化,国家采取退耕还林、退耕还草等措施后,农牧民种植青储等饲料作物,很少种植粮食和经济作物了。

生产队时期,保根他拉嘎查本着"自力更生"的目标大力发展农业。实行家庭联产承包责任制后,善于从事农业而且从中得到甜头的村民,更是大面积种植农作物。从保根他拉嘎查新老领导的谈话中得知,每年对农业的投入比牧业多,但收入不如牧业。扎鲁特旗档案局 1977 年的材料能证明这一点。1977 年保根他拉嘎查农业支出 14397 元,收入 33323 元。可是牧业支出 10984 元,收入 76066 元。农业始终未能达到高效益的程度,除了村民经营农业技术差、投入的劳动不足等原因外,还有土地肥力差,自然条件恶劣等客观原因。

第三节 商业及养殖业

一 商业

保根他拉嘎查的商业,主要指村民以农牧业收入交换各种生产、生活资料的活动。

(一) 店铺

生产队时建有供销社,拉西尼玛、巴彦宝力高、奈日拉图、包金亮等四人前后 40 多年在供销社当售货员。货物从鲁杰、道老杜等供销社购进,用马车、拖拉机运输。主要经营盐、酒、茶、粮食、饲料等几十种生产、生活必需品,以及农牧业用的小生产工具。同时收购麻黄、废铁、骨头等土特产。当时销售员的地位很高,是受人尊重的职业。

　　改革开放后，村里最早经营私人小卖店的是达林台、淑兰夫妇。他们从1985年开业到1998年，前后经营了十几年，首先致富。达林台夫妇的小卖店主要经营烟酒、糖果、蔬菜、衣服等日用必需品。20世纪90年代，铁山、朝鲁等年轻人继达林台夫妇之后也开设了小卖店，经营同样的小商品。他们从舍伯吐、通辽、鲁北等地和辽宁省的新立屯等地购进货物。从20世纪90年代到21世纪初，小商店的竞争比较激烈，承包供销社的包金亮最先停业。1998年大洪水之后，达林台夫妇也停业了。现在只有朝鲁、铁山、乌云必力格三家小卖店。乌云必力格是代妻兄经营商店，以经营日常小百货为主，同时销售猪肉、柴油等村民急需的物资。不同的货物从不同地区购进。从最近的珠日河牧场批发蔬菜、粮食、水果等，从扎鲁特旗烟草局批发烟，从鲁北、舍伯吐批发酒。

　　根据我们的入户访谈，这些商户的最大困难是资金周转问题。很多村民没有现钱，经常从小卖店打白条子，做赊账买卖。同村人爱面子，再加上商店之间有竞争，所以很难避开赊账买卖。其次是交通不便问题，从村子上柏油路，有15公里沙土路，很不好走，因此没有几年就得换新车，运输成本比较高，利润所剩无几。再者是语言障碍。保根他拉嘎查是单一的蒙古族居住村落，虽然一些村民在学校学过汉语，也经常收听收看汉语节目，但汉语表达能力还是弱，村里熟练使用汉语的人很少，到城市做买卖很不方便。

图 2-7　村民朝鲁的商店

（二）集市

与村民有直接关系的集市是牲口贸易集市。20 世纪 90 年代，对村民影响最大的集市有开鲁县余粮堡镇农贸市场和科尔沁左翼中旗腰林毛肚苏木牲畜集市。村民把自己家的农用三轮拖拉机拉到集市出售。

余粮堡距离保根他拉嘎查有 100 多公里，需要路过通辽市，中途要多次经过检查站，集市上卖不出去的牛重新运回费用倍增，所以几年后该集市就萧条了。腰林毛肚市场距离保根他拉嘎查 40 多公里，虽然路不远，但是市场秩序不好，来做买卖的老客也少，因此牲畜卖不出好价钱。现在村民主要跑舍伯吐集市。

新建的舍伯吐牲畜市场距离保根他拉嘎查路途较近，只有30多公里，市场管理好，与通辽、扎鲁特、阿鲁科尔沁等牧业区也近，吸引了很多地方的客商，为当地的牲畜贸易提供了便利条件。村民不仅卖自家的牲口，有的还买回外地的牛，短时间饲养后再卖掉。这样贩卖牛的村民逐渐多起来了。据不完全统计，2007年，专门经营拉牛大车，经营牛买卖的年轻人有20多个。集市交易日前一天晚上，村民用车把牛运到舍伯吐集贸市场院里住下，第二天早晨进入市场进行交易。有条件的村民年初饲养牛犊，到秋季再出售育肥的牛。多数村民的商品经济意识增强了，认为饲养牲畜致富，不如贩运牲畜致富快。这几年手机普及，信息畅通，经商的利润空间变小了。只有碰运气，碰到物价大波动后才能赚到钱。

另外，在村子西南方向，距离保根他拉嘎查不到25公里远的地方，每年举行一次全通辽市乃至内蒙古东部的大型那达慕大会"818"（即每年的8月18日定为那达慕大会），村民观看那达慕大会的同时，从周围的集市上购物。有些村民为那达慕大会开临时饭馆或出售食品。这个集市延续时间不长，一般三四天，主要以娱乐为主，对村民的生产生活影响不大。

（三）物资交流

如上所述，本村日常生活用品通过供销社和小卖店从周围的苏木、镇、市的大商店或批发市场购进，再销售给本地村民。20世纪七八十年代，有很多外地客商来村交易，现在逐渐变为本地村民走出去，到附近的城市交易了。尤其是牛、羊等牲畜，从由外地客商来村收买，逐渐变成了村民自己送到集市，由本村村民和周围村村民以及外地客商之间的互相交易。

村民生产、生活用的大型用品，如皮卡汽车、农用四轮拖拉机、三轮拖拉机、摩托车、冰柜、冰箱、电视、录像机、洗衣机、手机等，都从鲁北、通辽等大城市购买。钢材、砖、水泥等建筑材料从附近的城镇购买。档次高一点的衣服、化妆品等，到鲁北镇、通辽市去买。毛、绒、毛皮等畜产品，由各种各样的外地收购商到村民家讨价还价。绿豆、大瓜子等农产品由外地客商上门收购。很多外地客商来本村购物，人生地不熟，尤其是汉族商人上门收购存在语言交流障碍，来本村时都找能说能跑的年轻人当翻译或参谋，然后付给一定的报酬。比如收购一头牛，就加多少钱给翻译。这几年连续干旱，当地的饲料不足，很多有牲口的人家到科尔沁左翼中旗农业区购买秸秆等饲料，多用自家车运回，每家都要运几十车。

二 养殖

（一）养猪

保根他拉嘎查的群众肉食以猪肉为主。这是随着农业的发展，养猪业兴起后形成的习惯。

生产队时期，生产大队和生产小队都指派专门劳动力养猪，供给在牧埠劳动的社员，同时解决生产队的伙食问题。农牧户个人家里养的猪像自留地一样属于私有财产，不受限制，所以每户都养三五口猪，一年卖一口猪，自食一口猪是普遍现象。卖猪收入占当时村民收入的大部分。卖猪的收入能解决孩子买衣服,以及茶叶、烟酒等紧迫问题。杀猪像节日活动一样被重视。从农历十月结冰后开始,每户都杀猪。杀猪时请亲戚朋友喝酒吃肉,主要吃灌血肠、内脏等。冬天的肉食、过春节的肉食多是猪肉。大年三十的早上有吃猪头、猪蹄的习惯。

实行家庭联产承包责任制以后,吃猪肉的习惯延续了下来,买卖活猪的逐渐减少,买肉卖肉的多起来了。部分村民杀猪自己食用,同时还卖给别的村民。自家没有养猪的就经常到附近的城镇买鲜肉或从小卖店买。在没有冰箱、冰柜的情况下,夏天用盐腌制咸肉。近几年连续干旱,种植不了粮食作物,再加上猪肉、子猪价格上涨,能够养猪的人越来越少了。村民养猪都从养母猪的村民那里买猪崽,或从附近的市场购进猪崽。多以野菜和玉米碴、剩饭来喂养。没有圈养的习惯。这几年学会了用饲料喂猪,不到一年就能出栏,主要是供自己家食用。村里有兽医,专门负责给猪打防疫苗,阉猪崽。

图 2-8 小卖店为卖肉而专门养的猪崽

（二）养鸡、鹅、鸭

每家每户都养鸡，主要吃鸡蛋和鸡肉。鸡蛋是春冬季缺蔬菜时的主要补充食品。鸡肉是举行婚礼丧葬等重要宴席上，不可缺少的一道菜。生产队时期，村民经常拿鸡蛋换茶、盐等日常生活品。夏天，外地小商贩来村贩卖蔬菜、瓜果时，没有现钱的情况下，村民也经常拿鸡蛋来交换蔬菜和瓜果。

一旦发生鸡瘟，全村的鸡就会死光，需要从外地买子鸡重新繁殖。一家养的鸡不超过二三十只，一般只有10多只。现在也有人从集市买小鸡，饲养成肉鸡出售。

养鹅、鸭的为数不多，只有几家。这些家禽不作为商品来养殖，对村民生活影响不大。这两年，在临近保根他拉嘎查的科尔沁左翼中旗的农村，外地企业家建立了养鸭专业户，承包农户的土地，盖起砖瓦房和棚，制造人工湖，养几千只或几万只鸭，然后卖鸭绒和鸭肉挣钱，投入少收入可观。村民知道这条赚钱的路子之后很想试试看，但囿于资金不足，技术水平不高，只有望而却步了。

（三）水产、果树、造林

本村属于半干旱地区，没有河水来源，因此没有水产业和果树造林业。从村领导到一般百姓都希望建水库，发展水产养殖业。在1998年的大洪水中，政府计划在村东北侧引河水建大型水库，但是河水来势凶猛反而淹没了全村，付出了沉重的代价。村民对这项措施极度不满。洪灾过后，少数有水泡子的人卖鱼得了一些收入。几年后，河水的上流中断，干旱加剧，水泡子也干涸了。村民平时很少买鱼食用，偶尔举办的红白喜事用的鱼，都从附近城镇的市场上购买。

中华人民共和国成立初期，政府在村东侧建立了国营林场，主要栽种杨树等树木。后来这个林场人口增多，为了生计把树木砍掉，划分土地，改为农牧业用地。生产队时期，曾在原村东南侧建立了林业试点，专门培育柳树、杏树和苹果树等。只有柳树等树木长势较好，其他果树未成功。现在这个地方，承包给了个人，因顾不上经营，也没有技术发展果树，因而被弃置了。另外，近30年的时间里，整个村庄来回搬迁几次，村民没有固定居所，也就没有兴趣栽植果树。

第四节　手工业及运输业

一　手工制品

保根他拉嘎查没有手工企业和有名的手工产品，只有村民自做自用的简单制品，主要有木工、皮匠、鞋匠、石匠制作的传统民族用品。如木制水槽、木桶、木制奶具、木勺、勒勒车、马鞍、牛皮靴、牛皮绳子、马尾缰绳、马尾拍子、羊皮袄、羊皮坎肩、狐狸皮帽子、石头磨盘等。在商品经济和工业文明的双重冲击下，现在这些产品丧失了使用价值，有的被淘汰，有的被廉价的塑料品或铁制品替代。

图 2-9 传统手工猪槽

二 交通运输

1949 年以前牧民的交通工具是马、驴,以及牛拉的勒勒车。1975 年通辽至鲁北的 304 国道修通,原保根他拉旧村距 304 国道巴彦查干处 15 公里,从此村民可以搭乘长途汽车到鲁北、通辽、沈阳、北京等城市。1986 年通霍(通辽—霍林河)铁路通车,从保根他拉旧村到通霍铁路毛告图火车站只有 7 公里,村民去通辽等城市更加方便。1998 年的大洪水把原保根他拉村淹没,村民搬迁到距火车站不到 1.5 公里处建立了保根他拉新村,交通条件明显得到改善。

20 世纪 90 年代,部分村民在保根他拉旧村到火车站之间开展小型客运工作,这是本村交通运输业的开始。客运工具是农用三轮车上罩一个简易的塑料篷,每次搭载几个或十几个村民,单程 3~5 元。现在新村和火车站之间,仍行驶着三轮车,每人单程车费 2 元。

曾经有数人经营比较远距离的客运业务,但没有一个人能够坚持下来。第一个开展客运业务的是扎拉根白乙拉。1992 年扎拉根白乙拉购买了一辆 20 个座位的小型客车,在本村与通辽之间跑客运。因为生意不景气,不到一年就停运了。此后,金仓等年轻人也经营过鲁北和本村之间的小型客运。这几年随着中型农用汽车、摩托车、三轮车等私人车的增加和普及,这些客运业务日渐萧条。

第五节 外出务工和雇佣关系

一 外出务工

(一) 外出务工情况

据访谈,村民外出务工呈自发状态,主要靠亲戚朋友和其他村民的介绍来寻找工作,因此外出务工的去向和种类很多。表2-9是根据笔者2007年入户调查材料编辑的外出务工人员情况。

表2-9 2007年外出务工人员情况表

序号	姓名	性别	人口	文化	去向	工种
1	包白乙拉	男	全家3口人	小学	科左中旗	放牧
2	乌力吉木仁	男	单身	小学	科左中旗	放牧
3	大巴根那	男	全家5口人	文盲	科左中旗	农牧杂
4	额尔顿扎布	男	全家4口人	小学	道老杜	放牧
5	包七斤	男	全家3口人	小学	珠日河	杂工
6	新尼根	男	全家3口人	高中	鲁杰	饭店
7	大毕力格	男	单身	初中	本旗	放牧
8	金海	男	单身	小学	本苏木	放牧
9	代德泉	男	全家2口人	小学	本旗	放牧
10	李长命	男	全家4口人	小学	道老杜	放牧
11	长江	男	单身	初中	鲁北	杂工

续表

序号	姓名	性别	人口	文化	去向	工种
12	宝龙	男	单身	初中	本苏木	放牧
13	包七斤	男	单身	小学	东乌旗	放牧
14	白嘎达	男	单身	小学	本旗巴镇	放牧
15	阿拉坦巴根	男	全家3口人	初中	本旗巴镇	饭店
16	布仁套图格	男	全家2口人	小学	东乌旗	放牧
17	胡格吉勒图	男	单身	小学	东乌旗	杂工
18	包巴根那	男	全家2口人	初中	道老杜	放牧
19	包金山	男	单身	初中	道老杜	放牧
20	海龙	男	全家3口人	小学	道老杜	放牧
21	胡日勒套高	男	单身	初中	舍伯吐	杂工
22	海山	男	全家2口人	初中	舍伯吐	杂工
23	哈斯额尔顿	男	单身	小学	阿日昆都	放牧
24	包达夫拉	男	单身	小学	鲁北	蹬三轮
25	韩赛音	男	全家3口人	初中	鲁北	杂工
26	马六十三	男	全家3口人	初中	鲁北	杂工
27	乌日图白拉	男	单身	小学	鲁北	建筑工
28	阿日斯楞	男	单身	小学	通辽	建筑工
29	斯日奥道	男	单身	小学	通辽	杂工
30	呼格吉勒图	男	单身	中专	通辽	杂工
31	五斤半	男	单身	小学	通辽	杂工
32	吉然台	男	全家3口人	初中	通辽	建筑工
33	将军	男	全家3口人	高中	通辽	运输
34	金虎	男	单身	初中	通辽	建筑
35	赵阿拉坦巴根	男	全家2口人	初中	通辽	建筑
36	韩巴彦宝力高	男	全家2口人	初中	通辽	杂工
37	乌日汗	女	单身	本科	通辽	饭店

续表

序号	姓名	性别	人口	文化	去向	工种
38	温都日娜	女	单身	初中	通辽	饭店
39	贺喜格宝音	男	单身	初中	通辽	杂工
40	毕力格	男	单身	小学	通辽	建筑工
41	巴图	男	单身	小学	通辽	建筑工
42	包玉山	男	单身	初中	通辽	建筑工
43	澈力格尔	女	单身	初中	锡林浩特	饭店
44	那仁满都拉	男	单身	高中	锡林浩特	运输
45	海龙	男	单身	小学	东胜	杂工
46	哈达	男	单身	初中	东胜	煤矿
47	佟华	男	单身	初中	呼和浩特	饭店
48	佟岚	男	单身	初中	呼和浩特	保安
49	包玉兰	女	全家3口人	初中	呼和浩特	商店
50	哈斯朝鲁	男	单身	初中	呼和浩特	出租车
51	奥特根其其格	女	全家3口人	中专	呼和浩特	医药
52	满都呼	男	单身	小学	呼和浩特	建筑工
53	照日格图	男	单身	小学	呼和浩特	饭店
54	玉明	男	单身	初中	呼和浩特	饭店
55	娜仁图雅	女	单身	初中	呼和浩特	饭店
56	乌兰	女	单身	中专	呼和浩特	旅店
57	僧格	男	单身	小学	大连	建筑工
58	巴特尔	男	单身	初中	大连	建筑工
59	满都拉	男	单身	小学	大连	建筑工
60	赛吉日胡	男	单身	小学	大连	建筑工
61	巴布	男	全家3口人	小学	大连	杂工
62	纳努	男	单身	小学	沈阳	建筑工
63	巴彦仓	男	单身	小学	沈阳	建筑工
64	金龙	男	单身	小学	北京	保安

从统计的材料中我们能够看出，2007年在外打工的人数总共有64家，百余人，占全村人口的7%左右。其中男性占绝大多数，女性在打工者当中占1/4。多数为未成家的年轻男女。打工者中多数单身出门，全家在外的大约占1/3。打工者的文化水平普遍很低，小学和初中毕业的占绝大多数。几个中专以上学历的打工者是近几年学校毕业后未能找到工作的青年。从打工的去向上看，大部分打工者在本旗本苏木以及附近各旗县打工，其次是通辽、呼和浩特等内蒙古自治区内的大城市，再次是就近的辽宁省的大连等城市。打工的工种以放牧、建筑工、杂工等体力劳动为主。村民打工流动性很大，很少有固定的长期工作。

（二）务工中存在的问题

保根他拉嘎查村民外出打工始于20世纪90年代初。带头人是巴布，巴布的母亲是汉族人，所以他懂点汉语。他们家兄弟姐妹多，家庭压力大，他结婚成家时没分到几头牲畜。最初他一个人出去打工，后来妻子和女儿都跟他外出打工。十几年来，为办理身份证和户口，回村几次，村民通过其亲戚了解到他们在大连打工。

很多村民认为外出打工是实在没有办法才干的事情，但是很多年轻人还是想去大城市尝试打工的生活。除了少数几家在外长期打工，很多人都是短期打工。多数村民都有打工的经历，但没有富裕起来。2008年补充调查时发现，外出打工人数又增加了不少。

笔者2007年调查时，很多打工者都不在村子里，恰巧碰到回家探视父母的阿日斯楞和五斤半二人，从他们那里了解到了本村村民外出打工存在的困难。

首先是语言障碍。本村是蒙古族聚居区,绝大多数人是蒙古族,周围村庄也是蒙古族集中的农村牧区,村民之间习惯用母语交流,很少用汉语。到大城市打工,因语言和文化习惯不同,与当地人沟通存在困难,被欺负或上当受骗的事情时有发生。一点汉语也不懂的村民进不了城市,只能到附近的农村、牧区给富户打工。

其次是文化程度偏低。本村外出务工的人一般仅读过小学、初中,有的连小学都没毕业,只能承担建筑工、杂工等重体力劳动。由于文化低,没有劳务纠纷方面的法律知识,一旦遇到这方面的纠纷,必须找老乡或其他人来帮忙。拿不到工钱或不能拿到全部工钱的事情经常发生。

再次是忽视自己的权利,收益微薄。外出打工者的生活都不富裕,因此他们的要求不高,跟雇主或老板打交道时,总是不争取应得的权利。多数打工者在打工地区人生地不熟,工钱很低,一年纯挣 3000 元算是较多的,已经心满意足了。多数打工者仍然是凑合着过日子。在外打工几年不回家,算是比较不错的。坚持不了几个月返回家乡的是几乎没有挣到钱的。多数村民外出打工仅仅从事体力劳动,学不到先进的管理和技术,回村后也只能谈谈外出务工时的见闻。

二 雇佣关系

村民除了到外地务工跟雇主发生雇佣关系外,在村里村民之间互相雇用也是常有的事情。

村里的雇佣关系可以分为长期、短期和临时三种。

长期雇佣关系主要是牲畜多的富裕户因劳动力不够,

长期雇用一家或一人，雇用期一般在3~5年之间。雇用双方根据实际情况，商量决定被雇者的食宿费用和劳务费。现在通行的做法是雇主负责提供住房、生产工具等基本资料，受雇者自行解决食品、衣着等。年劳动报酬在3000~10000元之间。

由于畜牧业经济的不稳定性以及市场价格变化快等原因，雇用双方很少签订长期合同。能够签订长期合同的多数是亲戚之间。多数情况下，雇用双方签订半年或一年的短期合同。

短期雇用的形式多种多样：

第一种，没有草场的雇工，直接到雇主家看护牛羊。

第二种，有草场没有牲畜的雇工在自己的草场上饲养雇主的牲畜，到年底，按照合同交给雇主一定数量的牲畜，雇工自己得留子畜，通过这种方式雇工可以慢慢发展自己的牲畜。村里有山羊的牧户多采取这种办法经营。雇主交给雇工一定数目的山羊，每年每只羊收取100元左右的佣金。雇工交够雇金后，收入羊绒和山羊羔，得失完全自负。

第三种，有草场没有牲畜的人家，把自己的草牧场租给其他村民，一次性收取草牧场的租金。租用草牧场的人可以在租来的草场上打草或放牧。该种形式的租金根据草场的面积和质量以及租期长短，由租用双方协议确定。长期在外打工的人一般采取这种形式出租草场，收取租金后便对草牧场的使用不闻不问。

根据2007年的入户调查，三种雇佣关系的具体情况如表2-10所示。

表 2-10　2007 年保根他拉嘎查雇用情况表

种　类	户数（户）	比例（%）
第一种	22	6
第二种	35	9
第三种	40	10

临时雇用是村民在农、牧业最忙的季节经常采用的比较灵活的雇用形式。收羊绒时一般临时雇用一周的时间，铲地的时候一般临时雇用十天八天。小卖店、饭店等，在营业的旺季，也雇用临时工。临时工的工资每天每人一般 50 元左右。这种雇用关系没有固定的形式，每年变化大，所以无法统计。

图 2-10　万里达公司停办后留下的大量机械

2004年秋，万里达公司在本村植树造林，租用本村土地，雇用本村村民，以现金的形式支付受雇村民的工资，为本村提供了三十多个临时工作机会，临时解决了30多户村民没有工作的困难。受雇的村民从事开垦土地、灌溉林木、铲地和保护树林等工作，按月或按时间领取工资。技术工每月2000元，管理人员1500元左右。临时工一天给50~100元不等。2007年该公司非法集资案曝光，本村的工作项目被停止，曾经在公司打工的村民只好到外地另找工作。

村民之间的雇佣关系是家庭联产承包责任制实施后，随着村民的贫富差距加大和商品经济的快速发展而产生和发展起来的。与附近村落和其他地方的经济发展都有直接关系。20世纪90年代，村民之间开始建立雇用关系时，都是按口头协定或约定执行，发生几次纠纷之后，慢慢学会了签订书面合同或协议，按照书面协议的内容执行。一般情况下，涉及千元以上雇佣关系时，双方才以拉纸条、签字、摁手印的形式进行。临时的小规模雇用和亲戚之间不签合同。村民现在还不懂得去公证处公证。

这几年不仅村民之间发生雇佣关系，与周围地区的村民发生雇佣关系的也不少。通过亲戚朋友和熟人介绍来本村打长、短工的人逐渐增多。

三 典型个案

龙某一家打工简历。

龙某，男，48岁，姓佟。高中毕业后，在村小学当过一年多的民办教师。妻子叫五某，45岁，保根他拉嘎查额尔敦淖尔自然村人。20世纪80年代结婚，生育两子。长子2007年27岁，次子2007年25岁。龙某辞去民办教师工作时，正值实行家庭联产承包责任制，家里有父母、大爷和他们夫妻俩，共5口人，分到14头牛和30只羊，再加上其自留畜就等于中上等水准的生活了。

20世纪80年代，他盖起了三间土房和五间仓房，在承包的土地上盖了牧埠，和妻子一起放牧的同时，还种植玉米等粮食和豆类等经济作物。生活水平在村里保持着中上等水平。20世纪90年代末期，家里的三位老人陆续去世，两个孩子也长大上中学。两个儿子初中毕业时正遭遇1998年的大洪水，跟全村一起搬迁到新居民点，建立了新家。

长子对学习不感兴趣，没有考上理想的高中，家庭经济又困难，被迫辍学。1998年以后，连续几年干旱，龙某领着孩子种地无所收获，家里的几头牛和几十只羊也几乎卖光了。2000年，小儿子也停学了。家里没几个牲畜，种地挣不了钱，村里找不到合适的工作。2004年，两个儿子相继外出打工。先是在通辽打工，之后来到呼和浩特打工。大儿子佟某在饭店、建筑工地打杂，小儿子佟某在社区当保安。

两个儿子几年间挣了些钱，寄给父母。龙某夫妇特别高兴，经常夸孩子在城市日子过得不错，对象也找到了。2007年，大儿子拿出几年来打工积累的钱，打算自己开饭店。由于资金不够，龙某卖掉自己仅存的全部山羊，支援儿子。

大儿子在呼和浩特市和林格尔县盛乐经济开发区租房，招聘了工作人员开饭店。因经营不善，不但没有挣钱反而赔了本，不到一年饭店就关门了。龙某夫妇卖掉羊群后，两手空空，儿子生意又不顺，在村里没法生活。2008年年初，龙某夫妇把牧埠和承包的草场租给村里的有畜户后，投奔外甥去沈阳打工。据村民说，他们在沈阳的某砖厂工作。

第三章 基层政治组织

第一节 党团组织

一 组织机构

（一）党支部成员

图3-1 2007年的新保根他拉嘎查办公地点

截至2007年8月，全村有48名中共党员。

支部书记：阿力塔，男，47岁，蒙古族，初中文化。

副书记：那木拉，男，34岁，蒙古族，大专文化。

宣传委员：七斤半，男，43岁，蒙古族，初中文化。

组织委员：斯琴毕力格，男，37岁，蒙古族，初中文化。

以上村党支部成员全部出生于本村。

（二）共青团组织

调查时村里没有共青团组织，没有共青团支部书记、宣传委员、组织委员等职务，也没有村里组织的年轻人的集体活动。

（三）村中共党支部书记阿力塔简历

阿力塔，1960年1月出生于本村第一生产队社员关布家，是长子，兄弟姐妹6人。初中毕业后，1918年参加中国人民解放军，在内蒙古自治区锡林郭勒盟二连浩特当了三年的边防军。1981年转业，1996年加入中国共产党。1997年当选保根他拉嘎查长，2000年被任命为新保根他拉嘎查支部书记，2003年重新被任命为本村书记。2003~2005年被选为巴彦芒哈苏木优秀共产党员，2007年、2008年被选为扎鲁特旗优秀共产党员。

二 机构变革

1947年内蒙古自治政府成立之后，在中国共产党的领导下建立了区、乡、生产队、嘎查等基层党团组织，60年来党员干部变化如下（年龄为当干部时候的岁数）：

（一）20世纪50年代

诺拉玛扎布（1916~1975年），乡书记，男，40岁，蒙古族。

包白乙拉（1920~1996年），生产队书记，男，38岁，蒙古族。

那仁满都拉（1915~1968年），生产队副书记，男，48岁，蒙古族。

乌阴贵力格（1917~1968年），组织委员，男，48岁，蒙古族。

通拉嘎（1918~1970年），教导主任，男，47岁，蒙古族。

五十三（1923~1964年），宣传委员，男，34岁，蒙古族。

（二）20世纪60年代

吴崩和（1919~1983年），大队支部书记，男，44岁，小学文化。

达木儒（1926~2008年），保根他拉嘎查副书记、主任，男，37岁，小学文化。

胡日勒杜西（1916~1977年），二队支部书记，男，43岁，没上过学。

舍扎布（1923~1995年），组织委员，男，40岁，没上过学。

达古拉（1931~2002年），妇联主任，女，32岁，小学文化。

胡日勒（1928年生），一队支部书记，男，34岁，未上过学。

仁钦（1929~2003年），宣传委员，男，44岁，转业军人。

图 3-2 1963 年保根他拉嘎查生产队党员统计表

(三) 20 世纪 70 年代

大道步道（1932～1991 年），大队书记，男，45 岁，小学文化。

远道，1945 年生，二队支部书记，男，30 岁，初中文化。

都格尔扎布，1936 年生，保根他拉嘎查副书记，男，27 岁，小学文化。

格博（1940～1982 年），村革委会主任，男，26 岁，初中文化。

哈日巴日，1950 年生，保根他拉嘎查副书记，男，25 岁，初中文化。

那达木德，1938 年生，组织委员，男，32 岁，小学文化。

巴力机尼玛，1939 年生，一队支部书记，29 岁，未上过学。

那顺布赫（1930～1994 年），额尔敦淖尔队书记，男，

32 岁，小学文化。

（四）20 世纪 80 年代

道尔吉（1953~2004 年），保根他拉嘎查书记，男，34 岁，初中文化。

毛闹海，1948 年生，保根他拉嘎查书记，男，41 岁，初中，进修过畜牧专业。

布仁白乙拉，1961 年生，保根他拉嘎查副书记，男，28 岁，高中文化。

哈日巴日，1950 年生，保根他拉嘎查副书记，男，35 岁，初中文化。

远道，1945 年生，孟格图嘎查书记，男，42 岁，初中文化。

希道（1947~1993 年），孟格图嘎查副书记，男，42 岁，小学文化。

白乙拉，1950 年生，额尔敦淖尔嘎查书记，男，28 岁，初中文化。

（五）20 世纪 90 年代以来

哈斯木仁，1962 年生，保根他拉嘎查书记，男，32 岁，大专学历，非本村人。

包七斤，1971 年生，保根他拉嘎查副书记，男，25 岁，大专学历。

宝玉，1963 年生，保根他拉嘎查书记，男，30 岁，大专学历。

阿力塔，1960 年生，保根他拉嘎查副书记，男，27 岁，初中文化。

白乙拉，1950年生，额尔敦淖尔嘎查书记，男，28岁，初中文化。

套图格，1962年生，孟格图嘎查书记，男，35岁，初中文化。

60多年来，村民当中有威信有能力的中青年自愿加入中国共产党，经过上级党组织的考核和任命，本着为村民服务、对党负责的态度，走上乡、队、嘎查支部岗位。总体上看，生产队时期的村支部书记和各岗位的干部任职时间较长，集体主义意识较强，群众威信也较好。20世纪80年代末期以来，干部替换的次数增加，在村民当中的威信急剧下降。从年龄结构上看，生产队时期以中年以上有资历村民为主，改革开放以来以中年有文化知识者为主。文化层次上越往后就越高，而且汉语表达能力提高了。除了哈斯木仁之外，全都是本村人充当领导职位。从本村提升到苏木和旗当干部的极少，盟市和自治区级的一个也没有。

三 工作开展

保根他拉嘎查和内蒙古自治区其他地方一样，在公社（苏木）党组织的直接领导下，嘎查（村）党支部负责宣传党的政策、国家法规，落实上级部门下达的各项具体任务，带领群众参加生产，发挥着百姓与上级党组织之间的桥梁作用。据对阿力塔书记的访谈，近几年嘎查党支部进行了一系列的工作。

第一，向群众宣传改良牲畜品种。

实施家庭联产承包责任制，大大调动了农牧民的生产积极性，保根他拉嘎查的牲畜头数和耕地面积成倍地增长，牲畜与草牧场的矛盾愈来愈尖锐。由于超载放牧和扩大耕地面积，造成了植被退化、土地沙化的严重后果。

为了遏制环境恶化，同时又不影响农牧民的收入，中共扎鲁特旗旗委和中共道老杜苏木党委决定采取改良牲畜品种的措施，实现"减头不减收入，牧业和生态协调发展"的政策。

多年来，牧民习惯于通过扩大牲畜规模来增加收入，不理解"减头不减收入"的政策，对牲畜冷配技术抱着怀疑态度。保根他拉嘎查党支部通过学习，认识到嘎查生态危机的严重性，坚决贯彻上级党委的指示，对村民大力宣传草场超载的危害，宣传生态环境和可持续发展的关系。连续几年遭受干旱灾害的农牧民逐渐接受了村党支部的号召，处理了本地产的公牛、公羊，引进了科尔沁红牛和盖县绒山羊。经过几年的努力，适合本地饲养的科尔沁红牛已经占98%，改良绒山羊占97.4%。同时减少并控制了山羊的数目，大大提高了牲畜的商品率，村民的收入也有很大提高。

第二，建设三亩田。

农业是保根他拉嘎查的重要产业，村民的部分粮食消费和牲畜的饲料都需要农业提供。扩大农业生产规模以及扩大小畜的数量，导致许多土地沙化。尤其是近几年的连续干旱，旱地普遍绝收。

根据保根他拉嘎查环境状况以及道老杜苏木党委和政府的指示，保根他拉嘎查支部决定在原保根他拉村旧址，按照人均三亩水浇地的标准进行农田建设。从1999年开始，利用大型拖拉机等耙平闲置土地2400亩，打了38眼机井。结合村里扶贫工作，腾出小学校的旧房给贫困户住，经营高效农业。经过几年的建设，水浇地形成了规模，不但解决了扶贫户的粮食需求，还给其他村民提供了牲畜用的饲料。

第三，狠抓"舍饲禁牧"。

为了保护草场，恢复生态环境，扎鲁特旗政府从2001

图 3-3 三亩田一角

年开始，采取了春季到夏季的 3 个月时间内强行禁止放牧的措施。"舍饲禁牧"是保根他拉嘎查有史以来从未有过的新举措。禁牧期间，需要农牧民为牲畜准备足够的饲料和草料，把山羊等牲畜关在圈舍里喂养，不允许在草场放牧，以免践踏草场。"舍饲禁牧"状态下，要想保证牲畜的正常发育，不仅需要提供足够的饲料，还需要很多的人力看护。世代自然放牧的牧民们很难接受这项决定。为此，村委会积极宣传"舍饲禁牧"政策，动员和帮助农牧民做好"舍饲禁牧"准备工作。经过村委会委员的耐心指导和以身作则，"舍饲禁牧"措施逐渐被农牧民接受。

第四，扶贫救灾工作。

道老杜苏木和保根他拉嘎查属于通辽市的贫困地区。1998 年以来连续遭受干旱、风灾、水灾（1998 年）、雪灾（2001 年），加上村民个人的债务、疾病等原因，使原来的困难户变成了极贫户，返贫现象不断发生。据 2007 年村委会数据，全村有特困户 35 户，168 人，占全村总户数的 9%、总人口的 12%。

每次遭受自然灾害时，社会各界都会伸出援助之手。

村支部根据上级党委政府的安排,及时向村民发放砖瓦、饲草、饲料、面粉、衣物等物资,解村民的燃眉之急。村支部还非常重视贫困户的春耕生产,为他们购进种子、化肥、柴油,为贫困牧户购进山羊,提供柴油机、喷灌机、水泵等农机。每年投入的扶贫款不低于10万元。通过村支部细致的工作,每年的扶贫和救灾工作都能够顺利进行。

第五,调解村民间的纠纷。

在生产生活过程中,村民间偶尔发生纠纷。一般情况下,村民都是自己协商解决双方的纠纷,很少去村支部找嘎查书记。第二次土地承包责任制实行以后,村里的土地按照人口的数量、牲畜的头数、土地的质量等不同因素,综合起来详细划分并承包。三个自然村合并后,原来各村的分配标准也不相同。村民之间因草场的范围问题,纠纷时有发生。在草场的划分与分配问题上,村民对村支部也有怨言。

四 未来计划

(一)修路

保根他拉嘎查地处沙地,路面质量差,交通很不方便。每年在道路上消耗的费用,以及因道路破坏的草场,损失很大。国家提出乡村通路目标后,村支部很受鼓舞。修路需要大量的资金,还需要机械和技术,仅靠村里微薄的财政,很难完成这项重大工程。因此必须有政府和社会各界的帮助。村支部打算找相关部门,争取项目,几年之内初步修通保根他拉嘎查与道老杜苏木之间以及各自然村之间的柏油路。

(二)通电

1992年,毛闹海书记带领村支部组织村民出资,经多

图 3-4　通行难之沙土路

方面努力，在上级政府的帮助下，从鲁杰嘎查接通电线，保根他拉嘎查通了电。村民们告别了煤油灯，过上了多年来梦寐以求的光明日子。通过这件事情，村支部在群众中的威信大大提高。

1998年，保根他拉嘎查被大洪水冲垮之后，全村搬迁到现在的新址。因受灾，保根他拉嘎查得到政府和社会各界的大力支持，从旧村到新村之间免费通了电。新村位置偏，经营农牧业很不方便。村民们陆续在自己承包的土地上建起了住房，或搬到距离经营农牧业最近的自然村里，结果很多村民又回到了无电的原状。

因村民居住分散，户户通电难度大，村支部计划现有的6个自然村先通电，然后再考虑户户通电。2007年孟格图自然村的十几户已经通电。

五　村民对村支部和村干部的看法

根据课题组的布置，我们找到理解能力较好，比较了解村子情况的中青年村民，发放了事先准备的调查问卷，请他们自由回答。

由于本村是蒙古族聚居的偏远地区，阅读和理解汉语有困难，经过调查人员的解释，才理解了问卷的内容。本次问卷调查以中青年为对象，随机发放了40份，其中25~29岁的村民2名，30~39岁的村民16名，40~49岁的村民12名，50~60岁的村民10名。经过统计整理，村民对村支部和村干部的意见集中在6个方面。

第一，关于村干部的选举方式。有30份答卷认为村委会是村民直接选举的，有2份答卷认为是上级选举的，有8份答卷认为是上级领导任命的。这说明多数村民不知道村支部的组织方式和村干部是怎么产生的。近几年，保根他拉嘎查的村长（村委会主任）由全体村民选举产生，而嘎查书记则由上一级党组织任命。支部书记领导村委会。支部书记安排党支部内部委员的具体分工，有监督支部委员的责任。很多村民回忆过去的村领导时，只记得大队书记、队长等少数人，而对其他支部成员的印象则不深。这种现象也表明，支部书记的权力比较集中，其他村支部委员的作用不明显。其实村支部选举都是在上级党支部的直接领导和安排下进行，只不过村民文化程度不高和村支部宣传力度不够，村民才不太清楚村行政组织情况。

第二，关于担任村干部的最重要的因素。有35份答卷认为担任村干部最重要的因素是个人有较强的组织领导能力，有2份答卷认为需要政治靠山，有2份答卷认为需要经济实力，没有人选择"宗族家族势力支持"，答其他的有1人。答卷反映了这样几个信息：一是当地干部的选拔程序正确，选拔结果正确，保证了有组织能力的人出任村干部。二是当地没有宗族势力，家族力量对村干部的任免没有影响。三是部分人还有不正确的认识，认为出任村干部需要

第三章 基层政治组织

政治和经济背景。在调查过程中，多数村民都认为，解放初和生产队时期的村干部比较秉公办事，与社员团结奋斗，具有很高的群众威信。

第三，关于团支部、妇女委员会、民兵组织活动情况。有38份答卷确认这些组织从不活动，只有2份答卷肯定很少活动。实际上团支部、妇女委员会、民兵等组织的活动是20世纪六七十年代计划经济时代的产物，一般由生产大队组织进行。家庭联产承包责任制实行以后，村民居住分散，中青年又多出外打工，这些团体的活动已经组织不起来了。

第四，关于对基层干部工作目的的看法。有28份答卷认为现在基层干部工作主要考虑个人利益，有8份答卷认为基层干部工作时兼顾各方面的利益，有3份答卷认为是为了完成上级指派的任务，只有1份答卷认为基层干部工作主要是考虑群众的利益。从对这个问题的回答上看，目前村干部在村民中的威信和地位不够高。

第五，关于村民遇到生产、生活困难，以及与村民发生纠纷，或者家庭内部产生矛盾时寻求村干部帮助的问题。有4份答卷认为遇到生产方面的困难时要找村干部解决。有35份答卷认为与村民发生纠纷时，需要村干部协调解决。生活方面遇到困难时，没有人考虑请村干部解决。有4份答卷认为遇到家庭内部矛盾时请村干部协调解决。之所以村民之间发生纠纷时请村干部解决，是因为多数村民认为村民之间发生土地、草场纠纷时，以及发生盗窃等事情时，村支部那里有原始档案或记录，解决纠纷时有证据。而借钱等事情，生产队时期大队经常给办理，现在村委会也没有钱。其他私人事情，村委会也很难插手。

第六，关于村委会对个人的帮助有多大的问题。有35

份答卷认为村委会对个人没有什么帮助,有 4 份答卷认为有帮助,有 1 份答卷认为帮助不大。这说明保根他拉嘎查村委会比较关注村里的一小部分人,村中特别困难户是经常受到村委会救助的群体。

实行家庭联产承包责任制之后,很多村民的经济生活比较独立,与村委会直接发生关系的次数越来越少。生产队时期全村男女老少一起工作,一起参加各种集体活动,全村人互相都认识。现在即使在一个自然村,也很难了解彼此的情况。有的村民连村支部书记是谁都不知道。

六 村支部成员的工资和党费收缴情况

2007 年村支部主要成员和村委会成员的报酬如表 3-1 所示。

表 3-1 村委会成员 2007 年年报酬一览表

单位:元

姓 名	职 务	金 额
阿 力 塔	书 记	3700
铁 山	村 长	3700
新 尼 根	会 计	3400
乌云格日勒	计生村长	2700
那 木 拉	副 书 记	2700
青 格 勒 图	副 村 长	2700

村干部的报酬由道老杜苏木政府财政按照扎鲁特旗政府的规定年末时统一发放。这几年财务公开,村干部的收入和村委会的支出比较透明,受到多数村民的欢迎。道老杜苏木给每个干部每年拨一千元的经费,作为交通补助等。村干部人数少,报酬低,工作报酬也不高,为分散居住的村民提供服务,也就出现了很大的困难。

第二节　行政组织

一　组织机构

2004年后被任命和选举出来的村委会如下：

村长：铁山，37岁，男，蒙古族，初中文化，转业军人，经营小卖店。

副村长：青格勒图，30岁，男，蒙古族，初中文化。

计生村长：乌云格日勒，37岁，女，蒙古族，初中文化。

村委会会计：新尼根，34岁，男，蒙古族，初中文化。

现任村长铁山，1971年3月出生于巴彦芒哈公社巴彦胡硕生产大队农民家庭。1979~1985年在本村小学读书，1986年初一时因家庭困难停学后回村参加生产劳动。1990~1992年期间参军服役，在山西省长治市沁县当过两年多的监狱看守兵。退役后1993年和保根他拉嘎查一女子定亲结婚，搬到本村定居。1994年开始经营小卖店，2006年当选为村长。现在除主持村委会的各项工作、管理村里事情外，同时还经营自己的小卖店。

村委会成员的变迁传递了以下信息：

第一，本村村委会成员经历了从繁多到精少的过程。刚建村时有两个居民点，后分离成三个嘎查，最后改建成一个嘎查。20世纪90年代以前，每个嘎查都有一套领导班子，加起来干部人数不少。1998年合并三个嘎查后仅留下主要岗位和工作人员，形成现在的机构。由原来的最多40多名干部减少到不到10名。

科尔沁沙地边缘的半农半牧村

第二,村委会成员的年龄结构趋于年轻化。内蒙古自治区成立之初,村干部都由年纪大,有资格的本村村民来担任。后来逐渐重视有文化的年轻人做文秘工作,主要领导还是有资格的长者。现在村委会成员以中青年男子为主。

第三,管理松懈,权威和权力下降。生产队及其以前的村领导管理的事情较多,有很大的决定权,尤其是生产队时期的领导,大小事情都由村领导决定。现在的村委会仅管理少数几件事情,其中最大的就是发放救灾物资,帮助贫困户等。

第四,村委会成员的文化程度提高了。刚成立村时,村委会成员的文化水平普遍偏低,未念过书,不识字的人很多,小学二三年级就是高学历了。现在初中文化已经普及,高中、大专毕业的增多了(见表3-2)。另外村干部的汉语表达能力都提高了,能够用汉语与上级领导沟通、交流。

表3-2　保根他拉嘎查历届行政领导统计表

姓　名	任　职	任　期	文化程度
诺拉玛扎布	乡　长	1953~1958年	未上过学
包白乙拉	乡　长	1958~1963年	小　学
达木儒	队　长	1963~1975年	小　学
远道	队　长	1976~1986年	初　中
道尔吉	嘎查长	1986~1989年	初　中
布仁白乙拉	嘎查长	1989~1993年	高　中
哈斯木仁	嘎查长	1993~1996年	大专学历
包七斤	村　长	1996~1999年	大专学历
斯琴毕力格	村　长	1999~2005年	初　中
铁山	村　长	2006年至今	初　中

二　工作状况

　　村委会接受村党支部领导，村委会开展的各项工作与村支部基本相同。在村支部直接领导下，除具体实施牛羊等牲畜改良工作、把贫困户搬迁到村小学旧教室集中种地、按时发放救灾物资外，根据上级政府的指示，实行人事改革，精简嘎查村干部，减轻了农牧民负担。同时取消一切不合理收费项目，大力推进财务公开制度，尤其是税费改革工作开始实施后，按上级要求大幅度减免各项税收和提留，几年来没有发生过一起因不合理收费或负担过重而上访告状的事件。

　　这几年，脱贫工作成为村委会的重要任务。据保根他拉嘎查会计新尼根统计，2007年全村特困户有35户，138人，占全村人口的10%。其中因病贫困的20户，因债务成特困户的8户，因灾害成特困户的7户。这些特困户的大畜总共才3头，小畜9只。

　　新中国成立初期实行土地改革，紧接着合作化，建立人民公社，全村村民都组织到生产队，集体劳动。年终按照家庭人数分配口粮，按照劳动所得工分分配利润，由于平均分配，每户的生活水平相差不大。当时物质生活匮乏，但人们的精神面貌很好。生活在同一个村子，贫富差距不大，人们很少有心理波动或失去心理平衡。

　　1982年开始实施家庭联产承包制时，按照人口比例分给大畜小畜等牲畜，人口多的多得，人口少的少得。不几年，有些村民因为牲畜被偷窃，或者生病将牲畜卖掉，或者经营不善等原因，没剩下几头牲畜。20世纪80年代中后期开始出现贫富分化。道老杜苏木和保根他拉嘎查领导发现该问题后，采取每个领导负责几户贫困家庭的办法，帮助脱贫。除了因病贫困化的极少数几户脱贫外，很多人家还没有脱贫。20 世纪 90 年代开始，本村不断受到自然灾害的侵袭，贫困户脱贫的机会越来越少，贫困户的数目没有减少反而增加了不少。面对这种情况，村委会采取分给山羊和好耕地等措施扶贫，可是没有一户脱贫。这几年，村委会采取发放救灾物资、最低保障金以及粮食补贴等措施，目的是使贫困户维持温饱水平。

这些特困户中有一部分人是因病和自然灾害等因素致贫的，还有一部分人是因自身的懒惰和不会精打细算、抽烟酗酒等不良习惯致贫的。对于后一种人村委会进行的简单教育和物资援助是很难奏效的。

三　村委会历年选举情况

从新中国成立到 2000 年的 50 多年里，多数情况下，村委会干部由原党支部提名，然后支部商量或考核之后，以任命的方式确定。干部的材料送到公社或苏木政府，由上一级政府批准备案即可。1998 年大洪水之后，原来的三个自然村合并成了一个嘎查，嘎查领导由原来的主要领导组成。

2000 年，保根他拉嘎查开始基层民主选举，主要是选举村长，制度规定两年选一次，即村长任期两年。每个年满 18 周岁的公民都有投票权。想当村长的村民先到村支部报名，由村支部按照选举的条件确定参选人。村党支部根据参选的人数，派工作人员到通辽市制作选票。选票做好后，工作人员到每家每户说明选举的情况及方法，以无记名方式，让村民在选票上为自己满意的候选人画钩，然后投入选票箱。工作人员回到嘎查后,在专门监督人的监督下统计票数,得票最多并超过选民半数的候选人当选为村长。

刚开始时,参选的村民不多,多数村民认为是搞形式,不怎么重视。后来,参选的人越来越多。第一轮投票后选出两名候选人,然后再进行第二轮选举。通过第二轮选举,全体村民从两人中选出一名。

多数村民对工作人员拿着投票箱挨家挨户投票提出质疑,认为这种方式有漏洞。村党支部改进了选举模式,把村民集中到四个居民点进行选举。后来又统一集中到嘎查办公地进行选举。

到笔者调查时止,每两年一次,保根他拉嘎查已经进行了三次民主选举。

最早进行选举时,很多村民不重视自己的权利,按照工作人员的意愿选出村干部。近几年因干旱等自然灾害的频繁发生,上级政府对本村的扶贫、低保、救济、赈灾等措施明显增多。这些措施都通过村委会具体实行。很多人感觉到自己手中选票的分量,对选举工作慎重起来。

有一部分想当村长的人,为了赢得大家的信任,还通过承诺各种条件,或请客喝酒等方法来拉票。

这几年,选举成了比较热门的话题,对村民的人际关系也产生了一定的影响。

四 未来的计划

通过采访新上任的铁山村长得知,现在村委会最头疼和难处理的事情有两个。

其一,是村民的脱贫问题。实行家庭联产承包责任制快 30 年了，带动了农牧民的生产积极性，嘎查物质条件比生产队时期大为改善，一部分人确实富起来了，但是贫富差距越来越大，极少看到富裕户帮助贫困户脱贫的现象。贫困户自己脱贫的例子也极少。这几年上级部门采取免农业税，提供退耕还林、退耕还草补助等措施，给五保户、特困户等最低保障金和各种捐助的物资，可是这些人的生活水平还是原地踏步。尤其是近两年大旱之后，无畜户、无庄稼户大增，原来的中等生活水平的人家也受到了威胁。村委会盼望能走出一条适合本地区、本村居民脱贫致富的道路。

其二，是环境保护问题。保根他拉嘎查属于半沙化地区，每年的干旱加之大风以及过度的放牧和农耕，加重了沙漠化进度。历届村委会为了绿化，采取了植树种草、减少农耕等措施，但效果不明显。仅靠村民觉悟和本村微薄的力量远远不够。2004 年新上任的村委会想出与外地有经济实力的单位合作互惠双赢的办法。2004 年秋，万里达实业有限公司找上门来，村委会感觉符合自己的想法，很快签订了合作协议。把无畜户、少畜户村民的大面积承包地提供给该公司开垦和种植树木，两年来有所收获。村周围的树木以及管理好的树林长势较好。还解决了几十个村民的就业问题。2007 年该公司违法集资问题暴露，保根他拉嘎查的绿化计划也被搁置了。

修通柏油马路和户户通电是村委会和村党支部共同的事业。2008 年修路工作有所进展。

第三章　基层政治组织

图 3-5　开始绿化的林带

五　村民对村委会的看法

第一，关于村委会为村民提供的服务问题。问卷设计了 7 个选项，包括组织机耕、组织救灾、兴修农田水利、代购生产资料、代销农副产品、学习科学技术、其他。有 14 份答卷选择了"组织救灾"，有 26 份答卷选择了"其他"。由于连续几年干旱之后本村牧业的比例越来越占优势，经营农业的人家没有几户了，因此问卷调查表中没有村领导组织发展农业的选项。家庭联产承包责任制实行后，村民的生产经营都靠自己，较富裕的户不靠村委会，只有少数几个贫困户分配的救灾物资由村委会决定。曾经得到过救灾物资的少数人和看到这些现象的人选择了"组织救灾"项；未得到救济，对村领导有意见的就埋怨村领导什么也没干，而选择了"其他"选项。另外有的村民不满某些村干部打麻将等行为，因而认为调查表适用于生产队时期的领导，不适用于现在的村领导，而选择了"其他"选项。

第二，关于村委会在社会治安工作方面的作用及态度问题。为了被调查对象选择的方便，我们设计了8个选项，内容有订立村规民约、建立联防组、帮助教化失足青年、敢抓敢管、放任自流、袖手旁观、胆小怕事、其他。回答"订立村规民约"的有3人，回答"放任自流"的有17人，回答"胆小怕事"的有3人，回答"其他"的有17人。从收回的答卷情况看，村民对村委会在治安管理方面的工作是不满意的。

村委会副村长的职责是专管村里的社会治安。村民之间的小摩擦由村民自己解决，村委会并不理会。重大刑事案件由派出所的警察处理。前几年村里发生过两起大案件：一件是1994年春天本村的一名女性村民在牧埠被杀案件；另一件是2000年本村的两个村民喝酒后打架，一村民被杀。到现在为止，前一个杀人案尚未告破。后一案件中的杀人村民不到两年就释放了。

对这两个案件的处理，村干部所起的作用很小。村民对执法部门对这两个案件的处理也有各种说法。其他赌博、酗酒、偷窃等现象，村委会的干部很难察觉，因此也管不了。有些村民甚至反映个别村干部也参加赌博，因此就无从谈起约束其他人赌博。在农闲季节，参与赌博的人很多，不过输赢数目不算大。这两年偷窃牲畜、盗抢牧埠、喝酒打架闹事的现象明显减少，没有发生过杀人、放火、投毒等刑事案件，多数村民认为这都归功于手机的普及和铁丝网的增加，而不是村干部管理得好。不过多数村民还是对本村治安情况比较满意，对现实生活比较安心。治安方面不太责怪村干部。

第三，关于村委会在提高村民文化教育水平方面的工作。对于这个问题共设计了6个选项，分别是：扫盲、科学技术培训、救助失学儿童、为村学校提供便利、开通有线电视、其他，共收回40项答卷，37份回答了"其他"，3份回答了"为村学校提供便利"。

本村的教育工作主要由村学校来承担。2006年村小学被旗教育局撤并到原巴彦芒哈苏木中心学校，村里的孩子全部到科尔沁区、鲁北镇、道老杜苏木、鲁杰村等外地的学校学习。村委会没有必要为学校提供帮助了。村里的教育情况是各人的孩子各人管，学习不好或者没有钱上学就辍学。近几年大学毕业后找不到工作，村民送孩子上学的积极性受到了打击。村委会没有为失学儿童提供物资帮助。开通有线电视费用太高，村里尚未开通有线电视。不过卫星天线不算太贵，每家都安上了能够接收卫星电视的"锅"状卫星天线，能收看十几个频道，效果较好。在村外放牧的牧民则买风力发电机发电看电视，和村里的效果一样。村民对互联网的好处还不太清楚，没几个村民会上网。

第四，关于村委会在社会福利方面开展的工作。该问题共收回40份答卷，其中有2人认为村委会开展了拥军优属活动，有20人认为村委会在照顾鳏寡孤独、搞好五保户的供养方面做了工作，有18人认为村委会在发放退耕还林补贴方面做了工作。

保根他拉嘎查参军的人不多。生产队时期，一到春节，生产队就组织文艺队，专门慰问退役军人和军属，场面很热闹。这几年，民政部门给退役军人直接发放补助，村委会负责通知。村里没有敬老院，老人们全部由自己的孩子赡养。上级政府对生活比较困难的弱势群体的救助工作特别重视，村委会的相关工作比较到位，普遍受到村民的肯定。全村村民都享受到了粮食补贴、退耕还林补贴等政府补贴。这些补贴都由村委会及时发放,村民们比较满意。

第五,关于普法活动。问卷提到村委会是否对村民进行守法教育,是否组织村民学习有关法律知识,是否张贴标语板、黑板报宣传法律知识等问题。答案均予以否定。口头采访了解到村委会从未组织村民进行法律知识教育,上级相关部门偶尔来宣传法律知识。村民只知道有派出所、公安局、法院等部门。村民的法律知识是通过电视、收音机等媒体得到的。村民的法律意识很淡薄。多数人认为办事需要托关系、送礼,认为有钱有人就能办事。

第六,关于召开全体村民大会问题。有3份答卷回答一年开一次全体村民会,有37份答卷回答从未开过村民大会。保根他拉嘎查人口多,分散居住在比较大的区域里,不像农业区那样容易聚到一起。生产队时期两个生产小队经常一起劳动和集体活动,开过几次全体社员的会议。这几年开始民主选举村委会成员,实行全民投票,村民的参政意识明显提高。但是仍然有一部分人或者忙于生产,或者不关心选举,不参加投票。在外地打工人员也很多。因此很难把全体村民集合起来召开全体村民会议。参加婚礼、葬礼是村民们自发地聚到一起的机会。在其他时间,村民之间左右邻居来往得多,和其他村民交往得少,对于村里的很多事情,只有听信息灵通的人讲才能知道。

第四章　社会生活

第一节　婚姻

一　择偶形式

新中国成立以前，保根他拉嘎查盛行包办婚姻，儿女的婚姻一般由双方父母等长辈包办。先是男方家看好合适的姑娘之后，托有声望的媒人（当地称"介绍人"）向女方家求婚。女方家同意后举行定亲仪式。当地把定亲叫"小婚礼"，即口头约定缔结婚姻关系的仪式。定亲仪式主要是女方父母请女方亲戚朋友喝喜酒，男方提供酒肉等的费用。家庭出身、门当户对以及双方父母的交情，都是男女择偶的重要因素。近亲、同姓家族一般不结婚。当喇嘛的不结婚。

新中国成立后，毛图高庙、拉白庙100多个喇嘛里的年纪小的都还了俗，娶妻生子。不过他们的婚姻也是由父母包办的。

生产队时期，青年男女经常一起劳动，互相了解，自由恋爱成了主流，包办婚姻越来越没有市场。一般程序是男女双方交往有感情之后，男方告诉自己的父母，父母托媒人到女方家提亲。如果过了20岁还没有处对象，父母就与孩子商量，了解孩子的想法，然后根据孩子的情况，托亲戚朋友或介绍人帮助寻找合适的对象。主动找对象的一般是男方，女方很少表示自己想找对象。如果女方主动表示想找对象，会被看做丢面子的事。定亲时通知亲戚朋友和全村村民，喝定亲酒。喝定亲酒后，男女双方就不能轻易改变主意了。20世纪60年代开始，政府规定结婚须去公社做婚前检查，然后去民政部门登记领取结婚证。苏木的工作人员询问双方年龄、结婚意愿，做简单检查后，符合结婚条件的发给结婚证明。

改革开放以来，保根他拉嘎查的婚姻习惯逐渐地发生了很多变化。择偶形式变得多种多样，男女婚恋更加自由了。交往能力强的年轻人自由恋爱，达到结婚程度才告诉父母。父母按照孩子们的要求，准备结婚的物品。青年男女找对象时，顺应儿女要求的父母多了。村子的特殊地理位置导致村民的婚姻圈非常大，跨几个旗县，在方圆几百里的范围内通婚，也不受民族限制。最近几年，通过同学、亲戚朋友介绍，从科左中旗、科右中旗、开鲁等地娶回媳妇的不少于70家，其中有5家娶的是汉族姑娘。本村有7个姑娘嫁给了外地汉族小伙子。

二　婚配条件

儿女长大成人后，父母开始考虑其婚姻大事。新中国成立前，男女双方父母因为交情深厚，有在儿女出生前就约定婚事的娃娃亲现象。刚满13周岁就举行结婚仪式的也不少。据很多老人讲，一般男的20岁左右，女的18岁左右结婚。婚姻年龄普遍偏低。青年男女的婚姻一般由父母等长辈做主，要考虑家庭出身、双方家庭的交往以及辈分等因素。

结婚时男方要送礼物给女方，主要有衣服、橱柜、头饰等。

　　新中国成立以后，婚配条件发生了很大变化。有职务、有才貌、有地位的小伙子受到姑娘们的青睐。在外当兵和当干部的小伙子很容易找到对象。家庭成分被划成地主富农的儿女则不好找对象。结婚年龄有所提高，一般都遵守法律规定的婚姻年龄，一般男的在22岁左右，女的在20岁左右结婚。婚前到公社办理结婚证。女方提出需要置办的结婚物品，由男方父母提供。此时的结婚物品主要有缝纫机、被褥、衣物，一般还要盖房子。女方家把戴鞍子的好马等礼物送给女婿。

　　实行家庭联产承包责任制后，随着商品经济的迅速发展，婚姻生活中对物质的要求越来越高，有牲畜、有庄稼等殷实富足家庭的儿女容易找到对象。婚礼基于双方家庭条件不同而有所不同。一般情况下，男方父母根据女方的要求，给儿媳妇准备摩托车、手机、家电、金银首饰等。这几年，给儿子娶媳妇最低要花1万多元。家庭条件好的给儿女盖房子另立门户，得花几万元的费用。女方家也根据男方的彩礼程度，给女婿摩托车等礼物。父母不把这些物品当做经济负担，他们认为这些结婚物品是孩子结婚后共同生活的基础，是两家孩子的共同财产。据入户调查，20世纪80年代后成婚的初婚年龄男的平均为24岁，女的22岁。25岁不结婚也算不上大龄。婚龄有较大的提高。不过婚前检查制度松懈了。很多青年举行结婚典礼以后才领取结婚证，或外出打工时才想起办理结婚证。

三　结婚仪式

　　在保根他拉嘎查，结婚典礼是人生中最隆重的庆典活动。不管是谁结婚,都是村里最值得祝贺的一项社会性仪式。

定亲之后,男方家长找喇嘛或会看吉日的占卜家,说出两位新人的出生年月日和属相等信息。看吉日的人则根据这些信息确定结婚日期,出行方向,接亲和典礼的吉时,以及其他应该注意的事项。

日子确定后,男方委托媒人或父辈亲自去女方家拜访,通知结婚日期,商量结婚典礼的具体事宜。这里传承下来的结婚仪式是,女方家提前一天专设酒桌迎接女婿和招待女方的亲戚朋友。第二天男方家迎娶新娘到男方家,送亲过来的女方客人和男方家请的客人一起喝喜酒,共同祝愿新人的幸福生活。结婚典礼后的第三天,女方家来看望女儿,举行小型典礼,到此婚礼圆满结束。结婚典礼多在秋末冬初休闲的季节举行,也有少部分结婚典礼在春节过后的农历二月举行。正月不举行婚姻仪式。

传统婚礼的规矩很多,讲究热闹。男方需要在女方宴宾客前把提前准备好的猪羊肉、酒、菜等彩礼送到女方家。男方要找一个能说会道而且有权威的长辈,以及能说能唱的伴郎和新郎一起组成迎亲小团队。迎亲团队到女方家后,经过几道辩论,通过后才能进门。新郎给女方父母以及亲戚敬酒后,女方家给新郎穿戴新衣服。新郎从前穿蒙古袍和靴子,现在改穿西服和皮鞋。这时新娘蒙着红盖头,有几个要好的姐妹陪伴,不能见新郎。给新郎换衣服的事由嫂子和姐姐辈的人来完成,在这个过程中,尽力勒紧腰带等来出新郎的丑,目的是开玩笑,增加喜庆气氛。到了晚上,女方的兄弟姐妹们围绕新郎和伴郎,让他们表演唱歌或进行问答等游戏,考验新郎的智慧和应变能力。这时新娘蒙着红盖头坐在旁边倾听。

第二天,迎亲的车辆按照选定的吉时从女方家准时出发。新娘含泪告别父母,在同龄姑娘和主要亲戚的陪同下到达男方家。男方家首先举行两位新人拜天拜地及互相对拜等仪式,然后领着新娘进新屋。受外地的影响,近几年结婚典礼也放鞭炮了。这时男方家结婚典礼的负责人,最先安排送新娘来的女方家客人(亲家),在第一时间在第一批酒桌上入席,以示尊敬。在男方亲戚中选择相应辈分的能喝酒的人,陪着女方家来的客人喝酒。年长者坐屋子右桌最尊贵的位置。年轻的分男女桌,在屋子的左桌就餐。孩子们和男方家管伙食的排到最后入席。酒桌不够时,就安排客人分批入席。

参加婚礼的亲戚朋友和客人都要送礼。亲属关系不同以及互相来往的亲密程度不同,每个人的礼物也不同。随着时代的变化,送的礼物呈现从实物向现金演变的趋势。据 2007 年夏季入户访谈,现在村民都送现金。平时交往较少,关系一般的送现金 50~100 元。关系好或亲属家的孩子送现金 200~500 元不等。20 世纪 80 年代流行的送毛毯、暖壶、绸缎等礼物,现在已经不时兴了。

不管谁家孩子结婚,都请亲戚朋友参加,也请全村各家的户主参加。

从前举行婚礼时,男女双方都在自己家里摆桌请客。请厨师,锅、碗、刀、桌等餐具都从邻居家借来使用。举办方前后需要用一周左右的时间,才能忙碌完婚事。2005 年新村里开了两家饭馆,此后都到饭馆举行婚礼了,并且男女两家婚礼合到一起,一天之内就完成了。举办方自己出肉和酒等,举办一次婚礼交给饭馆 300~500 元的使用费。

从旗里请歌手捧场,请专业主持人的现象也逐渐流行。

四 离婚与再嫁

从前,保根他拉嘎查的婚姻生活比较稳定。据老人回忆,在建村后的40年里,离婚和再嫁的人很少,不到5对。近30年来,离婚与再婚人数逐渐增加,现有22对。

导致本村22对离婚再婚的有四种原因。

第一种,由于男方不孕等生理原因离婚。父母虽然知道孩子有病,但偏要给他找对象结婚,这样的婚姻维持不了多久就离散了。这样的例子有2个。

第二种,由于婚后个人感情破裂而离婚。一般情况下,村民结婚后就要孩子。几年后,因为一方有违规行为导致感情破裂离婚。这种例子有4个。

第三种,懒惰不会理家、沉溺于烟酒等陋习而导致离婚的有6对。这些人家庭条件本来就差,多是父母通过别人介绍,从外地贫穷人家娶妻凑合成的婚姻,成家后维持不了家庭生计。

第四种,因疾病或车祸、水灾等原因年轻时失去配偶后再嫁的有10个。她们不被传统规矩限制,重新找配偶,甚至有的老龄人也找老伴一起生活。

离婚和再婚、再嫁在这里是很不容易的事。因生理缺陷而离婚的,没有毛病的一方会找到配偶,不过挑选的余地不大。有疾病的一方很难再找到配偶,只能独身和父母或兄弟姐妹一起生活,年老之后靠侄子或外甥养老。由于感情因素或性格不合,在35岁前离婚的,再婚的多,都是在外地的丧偶或大龄独身者中寻找配偶。因病或突发因素失去配偶的,只要生活条件好,就容易找到配偶再婚。40

岁左右因车祸和因病丧偶的有6人，他们年纪尚轻，有一定的经济基础，孩子也大了，但再婚再嫁成功的很少。现在只有1人失去配偶后重新找到配偶结婚，另5人都没有成功再婚。年过50岁丧偶，又重新组成家庭的有1人。

再婚再嫁需要很大的勇气，很多老年人爱面子，宁可跟着孩子生活，或独身生活。

办理离婚手续需要交500元的费用，村民感觉费用很高。

五　婚姻禁忌

习惯上，保根他拉嘎查同姓家一般不通婚，认为同姓属于同一个祖先，不利于后代繁衍。现在全村包姓有136户，占全村总户数的1/3多，包姓之间结婚的例子也不少。对于这个现象，村民解释，九代以后血缘关系分立，对后代没有影响。实际上，保根他拉嘎查的包姓来自不同地区，有来自清朝时期达尔汗旗（现在的科尔沁左翼中旗）五家子和七家子的包姓，有来自图喜叶图旗（现在的科尔沁右翼中旗）的包姓，有扎鲁特旗本地的包姓。只要不属于同一个旗同一个家族，就可以通婚。长辈们在知道男女双方同姓同一个家族的情况下，绝不允许这样的儿女之间通婚。

亲属之间不能结婚。中华人民共和国成立前，因经济条件差或为了进一步加强亲属感情，兄弟姐妹等旁系亲属的孩子互相成亲的例子曾经发生过，例如姑舅亲、两姨亲等，但是兄弟之间的孩子不能结亲。新中国成立后，该村认真落实婚姻法，杜绝了这种近亲通婚的现象。经营牧业的村民讲不出深刻的道理，也知道近亲结婚的后果。姐姐、姐夫成家后，双方的弟妹之间可以结婚。这样兄弟变成连襟，姐妹变成妯娌的例子不少。

很多村民认为结婚双方男的年龄大，女的年龄小比较合适。男的比女的大7~8岁，甚至10多岁都无所谓。女的与男的同岁，甚至比男的大1~2岁也可以。女的比男的大4岁以上就不般配了，双方家长就不允许结婚。

结婚成家的新娘和新郎对双方的父母必须十分尊重，为了表达其尊重之心，不能随意叫他们的名字，如果碰到同村人里有其父母或祖父母同名字的人时，都不直接称呼，而用亲属名称称呼或改其他名字来称呼。如果新娘或新郎和父母重名，新娘或新郎则必须改名。新郎和新娘不能与父母及以上辈分的人开玩笑，与嫂子、姐夫、弟弟、妹妹之间可以开玩笑，与哥哥、姐姐等也不能开玩笑。

六　婚姻观念的透视

婚姻是人生的一件大事，各地有着不同的文化特色。

儿女一出生，父母就开始注意周围哪家儿女最适合自己的儿女，有预约婚姻的想法。有的甚至指腹为婚，或者在孩子七八岁的时候，毫不避讳地说给儿子娶谁家的女儿，把女儿嫁给谁家的儿子等。这种婚姻现象与蒙古族古老的婚姻观念中看重人的出身、身份等旧习惯有很大的关系。婚礼上有让新郎和伴郎说唱，互相开玩笑，以及偶尔的摘帽子等活跃气氛的习惯；两位新人回访两家亲属时亲属长辈必须赠给牛羊；儿女多的家庭分家时，父母优先考虑老大，女儿少分；父母老了后随儿子生活；父母去世后财产传给最小的儿子等，都来源于传统的民族习俗和观念。

伴随着农业化的进程,人们的婚姻观也受到了汉文化的影响。求婚由男方提出,由被求婚家的男人决定;家庭里男人的地位比女人高;男人在外专门干重活,回家后不打扫家,不做饭,不洗衣服,不看孩子;总是坐在炕头的右内侧;最先给男性父辈盛饭盛菜;女人们不仅承担家里的劳动还要参加铲地、引牛羊等很多重体力劳动,很多时候处在服从的地位;男人发脾气大喊大叫是正常的事,女人默默无闻地工作被看做是美德;各种社会活动以男人为主;等等。这种习惯在50多岁的中老年人身上仍有体现。

近30多年来,这里的婚姻观念发生了很大的变化,最引人注目的特点是男女平等思想逐渐普及。结婚成家必须优先采纳儿女双方的意见,父母的意见仅作参考。父母年老后和谁一起生活,主要考虑儿女的孝顺态度及生活条件。30~40岁的男人普遍会做饭、洗衣、看孩子等。访谈中了解到,持"谁有空就谁做,谁会做就谁做,谁有优势就当家"观点的人不少。村民普遍认为,给儿女找对象结婚成家是父母的任务。儿女成家后,父母总是对别人说我已经完成任务了。很多老人虽然和孩子一起生活,但户口单立,自己名下也有一部分牲畜等财产。

第二节 家庭

一 家庭结构

根据扎鲁特旗档案局的资料,1963年保根他拉嘎查总户数为153户,总人口为609人,平均每户3.98人。1978

年保根他拉嘎查总户数163户，888人，平均每户5.4人。2002年保根他拉嘎查357户，1462人，平均每户4.1人。2007年保根他拉嘎查384户，1440人，平均每户3.75人。其中2002年和2007年的人口统计包括了额尔敦淖尔嘎查和孟格图嘎查的人口。孟格图嘎查从保根他拉嘎查分离，其家庭基本结构和保根他拉嘎查一样，人口相当于保根他拉嘎查的1/3。2007年，原额尔敦淖尔嘎查96户，371人，平均每户3.86人。与本村基本相同（见表4-1）。

表4-1 保根他拉嘎查1978年和2007年家庭人口表

单位：户

家庭人口	1人	2人	3人	4人	5人	6人	7人	8人	9人	10人	11人	12人	总户数
1978年户数	25	11	10	18	13	14	26	21	11	7	3	4	163
2007年户数	8	41	134	140	42	17	2	—	—	—	—	—	384

图4-1 1988年三世同堂

从总体上看，在50多年的时间里，保根他拉嘎查家庭平均人口呈现从增长到减少的趋势。仔细观察就会发现，在各个时期，家庭人口结构不一样。1978年，独身户数和每家7口人的户数最多。独身户数多的原因是新中国成立后，喇嘛还俗，因为年龄大没有结婚成家，此外还与丧失配偶独身生活的老人多有关。7口人的户数和8口人的户数分别是26户和21户，也是比较多的户数，这与新中国成立后医疗条件改善，婴儿的死亡率降低有关系，一般家庭都有5~6个孩子。9口人以上的家庭有7~10个孩子。2007年，4口之家最多，达到了140户，这与实行计划生育政策有直接关系。实行计划生育政策后，一般人家只要1个孩子，其次是要2个孩子，最多不超过3个。所以3口之家、4口之家和5口之家比较多。从1978年到2007年30年的时间里，家庭人口最多的户数也发生了显著的变化。1978年有4户每户人口数量达到12人，这些家庭一般是三世同堂，并且孩子不少于8个。2007年，人口最多的户数也只有7人，全村共2户，其中一户是四世同堂，另一户是三世同堂。

二 角色分工

村民认为理想的家庭由爷爷奶奶、爸爸妈妈、儿女等成员组成。改革开放前这种类型的家庭比较多，甚至四世同堂的人家也不少。10口以上人家一般都属于三世同堂或四世同堂之家。近几年3口之家逐渐增多，多是年轻夫妻和年幼儿女组成的家庭。儿女成家后，大部分人都是单独建立自己的家庭。

家庭是基本的生产和消费单位。基于性别和年龄的差别，再加上农牧兼营的特点，家庭里的男女老少各自分担的角色也不一样。这种角色随着时代的变化，在各个时期也有所不同。生产队时期，15～50岁的男劳动力是生产的主力。他们一年四季从事种地、锄地、收割等农业生产劳动和盖棚圈、打井、放牛羊、打草、饲养牛羊等牧业生产劳动，也从事盖房子，杀猪，杀牛宰羊，捡牛粪，出售牲畜，制作绳子、套马杆等零散工作，属于体力和技术性的劳动。男"主外"是对当时的壮劳力的概括。有劳动能力的小孩和老年男性帮助其他人干一些放羊、种植蔬菜瓜果等轻便的劳动。15～22岁的未婚女性也参加各种生产劳动。她们主要从事撒种子、铲地、收割、接羊羔、剪羊毛、挤牛奶、制作奶食品等轻活。结婚成家有儿女的女性，一般在家里从事看孩子、做饭、洗衣服、照顾老人、喂猪喂狗等家务，属于轻体力和服务性的劳动，"主内"是对家庭妇女工作特点的概括。

赛马、博克、长跑比赛等那达慕大会以男性为主。举行婚礼、葬礼时，男性长辈经常坐上座喝酒，年轻女性则炒菜做饭，忙里忙外。很多男性劳动力长期在牧埠单独或几个男人一起放牧生活，没有女性的情况下同样能够从事做饭、炖菜、洗碗、洗衣服、挤牛奶等劳动。没有男劳动力的情况下，女性也照样干重体力劳动。

近30多年来，随着家庭联产承包责任制的实行，一家一户的家庭经营模式代替了传统的集体劳动模式，家庭内部的角色分工和分担家务的形式也出现了很多变化。这主要体现在不管男女，不分老少，会者能劳；不分"主内"、"主外"，谁都是户主。夫妻俩共同从事农业生产，妻子开车，丈夫播种，一起锄地，一起收割等，是最常见不过的现象了。第二次土地承包以后，很多村民在自己承包的土地上盖房建棚，很多女性不仅放羊放牛，饲养牲畜，还要承担家务劳动。男性除承担家里的体力劳动或者到外地打工等外，有时间也承担做饭、看孩子以及喂猪喂狗等家务活儿。卖牲畜和购买家庭日用品时，夫妻俩谁有主见就听谁的。很多年轻女性学会了骑摩托车和开农用车。这与收音机、电视机的普及和农牧业机械化程度提高有关。很多家庭做饭用电饭锅，洗衣服用洗衣机，因此不管男女老少，只要会操作就行。在结婚典礼和葬礼等各种社会活动方面，女性的地位明显提高，男女平等思想被广泛接受。

不过男性在体力劳动和有技术含量的劳动方面仍占有优势，女性以家务劳动为主的局面尚没有根本性的变化。

三 财产继承与分家

父母去世后，财产由儿女等直系亲属继承。一般情况下父母跟最小的儿子一起生活，小儿子和儿媳负责老人的晚年生活。其他儿女每逢节日都来看望父母，尤其是春节必须来父母身边尽孝。在外读书留在外面工作的儿女不继承农村父母的财产。儿女多的父母，为了儿女成家立业已经付出了很多的财力，没有多少剩余财产，不过是几头牲畜、几间旧房子以及几十亩地而已。

没有儿子只有女儿的父母与最小的女儿一起生活，女儿女婿共同照顾老人并继承其财产。

没有儿女的老人去世后，他们的财产由其兄弟姐妹等近亲的孩子中照顾他们最多的人继承。没有儿女的孤寡老人，晚年主要靠自己的兄弟姐妹生活。

年轻的男女突然去世的话，其财产由配偶和年幼的儿女共同继承。和公婆一起生活的儿媳，丈夫去世再嫁时，给公婆留一定的财产。

科尔沁沙地边缘的半农半牧村

儿女长大成人后,父母给儿女办理婚事,婚后分家另立门户。结婚前有些人家就提出要给儿女盖房子单立门户的条件,所以有些年轻人一结婚就分家。有些年轻人和父母生活一段时间,等弟妹长大后才分家。

分家时,父母要分给儿女房子、牲畜,以及电视机、洗衣机等生活用具。分家的儿女带走结婚时双方亲戚送给他们的牲畜等礼物。儿女多的人家,一般分给儿子的多,分给女儿的少。给兄弟分家时,老大和小儿子分的一样多。分家时,分给多少财产,全村并没有统一的标准,每家都不一样,主要由各家的家庭经济情况决定。家境不好,分的少;家境好则分的多。分家时人们最关心的是分给多少牛羊。如果父母双亡,兄弟姐妹分家时主要由大哥、大姐决定,原则上是平等,根据个人贡献,付出的劳动多就多分。上学在外工作的正式职工不分给家产。

这几年,"80后"的年轻人开始结婚成家。因为父母儿女少和父母年轻等原因,给儿女分同样的财产并单立门户的人家多起来了。

第三节 日常生活

一 服饰

随着高考恢复,村里青年人到城里读书上大学以及到城镇工作的人逐步增多,再加上这几年到市里打工人数猛增,城市生活影响了保根他拉嘎查,在服饰方面也有很明显的改变。

(一)男装

保根他拉嘎查因为与通辽市、鲁北镇、舍伯吐镇等中小城市距离较近，20世纪80年代以来，随着交通条件的逐渐改善和商品经济的迅速发展，本村的服装受到城市服装的巨大影响，与城市和内地没什么区别了。男装一年四季不同，老中少不同，个人的爱好都能体现出来。

帽子：当地男性习惯戴帽子。有军帽、前进帽、旅游帽、皮帽等。春夏两季风大，沙尘天气多，在外劳动或外出的男人多带前进帽、旅游帽等。夏天炎热，铲地时便戴草帽。秋冬两季多戴狗皮帽、狐狸皮帽、军帽、摩托帽来取暖。老年男子喜欢深颜色的帽子，中青年和儿童多戴浅颜色的帽子。

上衣：春夏两季多穿夹克衫、西服、毛衣、长袖衫、短袖衫、背心等。秋冬两季穿皮夹克、各种棉袄、羽绒服、军大衣、呢子大衣等。一年四季还穿坎肩、背心、线衣、衬衫、毛衣等配套衣服。老年人多穿儿女们的旧衣服。年轻男子和少年买衣服买得多，并且赶时髦。多数村民买不起城市里质地好的品牌衣服。冬装件数少，很少换着穿，常常穿几年，穿破之后再换一件。

裤子：男性裤子有西装裤、牛仔裤、老板裤、筒裤等单裤和毛裤、棉裤、皮裤等厚裤。春夏两季内里穿线裤和毛裤，外套西裤等单裤。秋季穿毛裤，冬季除穿棉裤外，其外面再套单裤。皮裤、羽绒裤直接穿。除了毛裤是买毛线由会编织毛衣的妇女制作外，其他服装全部从市场上购买。因此衣服的用料五花八门，颜色五颜六色。近几年夏天的温度越来越高，不仅小孩子穿裤衩，很多大人也都习惯穿休闲大裤衩了。

鞋：春夏秋三季多穿单胶鞋、皮鞋和布鞋。冬天穿棉鞋、厚皮鞋、皮靴。老年人多穿布鞋，中青年穿皮鞋和皮凉鞋，小男孩穿运动鞋、旅游鞋、凉鞋。袜子也是在市场买的棉袜、丝袜、纤维袜等现代工业产品。在室内普遍穿拖鞋。现在村里的妇女很少自己做布鞋，所有的鞋都是从市场上购买。

由于每个家庭和每个人的经济条件不同，以及个人爱好不同，再加上个人所处的环境不同，男装的穿着也有讲究。举行婚礼或参加婚礼时，喜欢西装革履。平时劳动尽量穿破旧结实的衣服。在各种节日，或参加那达慕大会等集体活动时，一般都拿出自己最满意的衣服。每逢佳节或卖牲畜有钱之后，就到附近的城市，给孩子买新衣服。价格大体在中下等水平。

（二）女装

比起男装，女装款式多样，颜色鲜艳。和男装一样，女装也是从附近城市的商店或专卖店购买，因而和城里人的服装没什么两样。在村里经常能看到打扮得跟城里人一样华丽的年轻女性。

头巾：春季风大，经常出现沙尘天气，外出的女性用纱巾包头防沙。夏季戴草帽，很少用纱巾。秋冬两季戴彩巾、方巾或长条巾、围巾等来防寒防风。年老妇女多用暗色的涤纶类的头巾，年轻的姑娘用红色粉色等鲜艳的头巾。这几年，女性包头巾的习惯逐渐减少，像城市女性一样，年轻女性戴时尚帽子的多起来了。

首饰：女性大多留长头发，理成各种各样的发型。除了戴绸缎巾、发卡子等外，还戴金、银、玛瑙耳环，金、银、翡翠项链等修饰品，价格虽然比不上城里的高档首饰，却是每个女子都必备的装饰品。习惯上，金银等传统首饰是婆婆赏给新媳妇的。

第四章 社会生活

上衣：春夏秋三季多穿布料、丝料、麻料做成的毛衣、休闲上衣、连衣裙、短袖、背心等市场上流行的衣服。尤其是 18 岁左右的青年女性，最爱穿着打扮。年纪大的妇女一般不怎么买衣服。冬天大多穿各种棉袄和羽绒服及毛料上衣。家庭条件好的女孩子，也穿着上等皮大衣。

裤子：跟男性差不多，穿西装裤、牛仔裤、老板裤、筒裤等单裤，也穿毛裤、棉裤、皮裤等厚裤。春夏秋三季，天气热的时候，年轻女孩们还穿裙子、大裤衩等衣服来避暑。现在侧开裤子完全消失，女性裤采取了男性的前开裤样式。

鞋：春夏两季在家时多穿布鞋或凉鞋，在室内穿拖鞋。外出劳动时穿布鞋，冬季穿棉鞋。参加婚礼，进市购物时多穿皮鞋、旅游鞋。很多年轻女性都爱穿高跟鞋。

（三）服饰变迁

图 4-2　20 世纪 40 年代服装（秋装、冬装）

科尔沁沙地边缘的半农半牧村 内蒙古

图 4-3　20 世纪五六十年代服装（冬装、夏装）

第四章　社会生活

图4-4　20世纪七八十年代的教师和部分女青年服装（春装、夏装）

  且不谈最古老的服饰，仅仅与新中国刚成立时候比，几十年来，这里的服饰发生了很大的变化。尤其是近30年变化最大。

  首先，衣料从单一的棉布料或手工畜牧产品变成多种多样的工业产品。新中国成立初到20世纪五六十年代，村民主要以大棱布等布料以及牛羊皮、野生动物皮、羊毛等来制作各种衣服。20世纪70年代末，涤卡、涤纶等衣料逐渐增多。20世纪80年代后期开始，各种廉价的和高档衣料很快代替了传统衣料。

科尔沁沙地边缘的半农半牧村

图 4-5　20 世纪 90 年代的老年人和现在村民的服装（秋装、夏装）

其次，获取服饰的方式从自己手工制作变成从市场上购买。实行家庭联产承包责任制政策之前，本村的妇女大都会做布鞋、棉袄、棉裤，有的妇女甚至会制作有图案的布靴、皮袄、皮裤等。买缝纫机是姑娘们结婚时的重要条件之一。从供销社购买布料和棉花。虽然没有电灯，但经常在煤油灯下坐到晚上十一二点钟，制作衣服。20 世纪 80 年代以后，商品经济迅速发展，畜牧业特产，尤其是羊绒价格上涨之后，村里人经济收入增加了，都进城里买时尚的衣服。现在村民的服饰都从市场上购买，没有自己做衣服的了。有人由于体形原因，在市场上买不到合身的衣服，就买衣料到缝衣铺子定做。村里40岁以下的女性都不会做衣服了。

最后，服装的款式由传统的地方特色转变成现代的城市流行的时尚。保根他拉嘎查传统的服装有妇女穿的叫"切木查"，类似于长袍；有男人穿的吊面的羊羔皮或絮棉花的袍子，蒙古语叫"德勒"或"特日勒格"；还有狗皮、羊皮、狐狸皮帽子，羊羔皮坎肩，羊皮大衣，羊毛袜子，布靴子和皮靴子等。这些服装具有宽松、结实、保暖等特点，比较适合牧业生产生活。现在这些服饰几乎消失，已被现代的人造毛帽子、中山服、羽绒服、短便衣、皮鞋、凉鞋、棉袜子所代替。服装的颜色也从传统的蓝色、白色发展到五颜六色。这些新款式、新材料的服装有轻便、便宜、舒适等优点。这与气候变暖和定居牧业有密切关系。此外，系腰带等习惯逐渐消失了。

从外表，从服饰，已经很难分辨本村人是哪个民族，哪个地方的人了。

（四）服饰消费

本村服饰完全市场化了。不过村里没有一个服装店。小卖店只有袜子、手套等简易商品。买其他服装，距离最近的要去珠日河牧场，远一点就去舍伯吐、鲁北、通辽等地。偶尔从沈阳、长春、北京等城市购买服饰，但不是专门去买衣服，而是看病或办理其他事情时顺便买衣服。

据笔者2007年入户调查，一年内，村民在服饰上消费最多的在6000元，最少的在200元，普通家庭服饰消费平均一年在 1500~2000 元。这是由家庭的经济条件以及孩子的多少来决定的。收入高、家境好的多买几身或买品牌的。家境欠佳的买便宜的或少买。最困难的家庭穿亲戚朋友的旧衣服和政府发放的救济衣服。

村民的首饰，最贵的是金耳环、金项链、银手镯等金银首饰。大多是作为结婚礼物，或者是过春节时，父母等长辈赠送的。价格在几百元到几千元钱不等。其次是皮大衣、皮裤、羽绒服、高档皮鞋等冬装的价格，在几百元到千元左右。春夏两季的衣服不买贵的，几十元就能买下来。线衣线裤、内衣内裤和帽子袜子都是最便宜的服装，普通的几十元，或者几元就能买到。多数人购买服装不追求高档和质量，而是追求便宜和耐用。尤其是中老年人的服装，质量很一般。

长期以来，保根他拉嘎查的村民形成了春天出售羊绒和秋季卖牛后，到城里买衣服的习惯。由于汉语不流利，跟商店的售货员讨价还价时总是处在不利的地位。为此，村民几个人结伴去，或者找个会说汉语的人，或者找城里的亲戚朋友，这样才能买到质量和价格合适的服装。这几年城市服装商店增多，竞争激烈，偶尔也能买到实惠的服装。新材料新品种服装上市后，更新快，没有眼力就容易上当受骗。

总体来说，服饰消费对村民的生活影响不大，很多村民根据自己的经济条件来调整服饰消费的额度。

二 饮食

（一）食物结构和种类

保根他拉嘎查属于半农半牧地区，饮食习惯同农业区大体相同，不过还保留了一些传统牧区的生活习惯。

按照食用量的多少来排列，村民的食物结构如下：

粮食：大米、白面、炒米、荞面、小米。

蔬菜：土豆、白菜、葱、豆角、芹菜、茄子、黄瓜、西红柿、韭菜、蒜苗、青椒、辣椒。

肉类：猪肉、羊肉、鸡肉、牛肉、鱼肉、狗肉。

酒水类：白酒、啤酒、葡萄酒、饮料、奶酒。

茶：红茶、绿茶、保健茶。

烟：香烟、旱烟。

瓜果类：西瓜、香瓜、苹果、梨、香蕉、葡萄、沙果。

奶食品：鲜奶、酸奶、奶豆腐、奶嚼子、奶油。

糕点：饼干、麻花等。

此外还食用豆油等食用油，黄豆、绿豆、红豆等豆类，豆腐等豆制品，以及白糖、红糖、食盐、味精、花椒、大料、鸡精、酱油、醋等调味品，方便面、锅巴等零食。从种类上看与城市食品相差不大，但品质、数量、新鲜度大不一样。

（二）饮食器具

煮饭、焖饭有铝锅、电饭锅。炒菜、炖菜的器具有铁炒勺、铝炒勺、铁锅、生铁锅。做炒米、炖手把肉、炖猪头猪蹄、做大量奶豆腐时，用炕灶大铁锅。做面条、蒸饺子、煮饺子时用铝锅、铝焖锅等。使用木制或塑料案板。洗米、洗菜时用搪瓷盆、塑料盆等。杀猪、杀羊时用蒙古刀或自制的羊角柄刀，吃熟肉时用蒙古刀。盛饭用中小陶瓷碗。盛炖菜用大瓷碗或漆盆。用大小瓷盘、漆盘盛炒菜。用碟子装凉菜。勺子有铝、塑料、瓷、不锈钢制，分大小，以白色为主。筷子以竹制为主，有少量的塑料筷子和木制筷子。用陶罐子或大瓷缸腌咸菜或腌酸菜。用漆锅或铝锅盛放鲜奶、酸奶，用木制模型压制奶豆腐。用玻璃罐头瓶子装奶嚼子、奶油等。

拉水或装水时用薄铝皮制的水桶或有盖子的塑料桶。烧水全部用铝制水壶。沏茶喝茶都用瓷杯。喝白酒用玻璃杯、瓷杯或玻璃盅子、瓷盅子。有少量的铜酒壶和酒盅。节假日用银杯、银盅来喝酒。用玻璃杯或瓷杯喝啤酒，有时直接拿瓶子喝。用塑料桶装散白酒储存在家里。

总之，饮食器具自制、木制的越来越少，购买的、塑料的逐渐增多，传统的、本地的、民族特色的减少，现代的、工业品增多了。

（三）风味特产及制作

村民的家常饮食主要是米饭、炒菜、咸菜一起吃，还吃面条、饺子、馅饼等各种面食，以及炒米、奶食等。这些与农区和城里没什么区别。称得上具有地方或民族特色的有以下几种肉食和奶食。

新鲜手把肉：其做法是杀羊后，首先把整羊肢解为头、胸脯、前腿、后腿和臀部、尾部等，然后从前腿、后腿上留一部分肉，备用炒菜。除了头和蹄子外，全部下锅。把荞麦面用冷水和稀，加上葱末儿或沙葱末儿，搅拌后灌进洗净的羊肠和羊肚，制作成血肠，与羊的心、肝、肺等内脏一起煮。煮熟之后，男主人从锅里在羊的主要部位割几块肉，放在小碟子里，供天、供佛。然后把煮好了的肉盛放在大盘子里，摆在桌上。吃肉之前，主人拿一盅酒和准备好的肉到屋子外头，以向天空抛撒的方式敬献给神灵，心里默默祈祷这是敬给天仙地灵的。表示心意之后,大家一起享用。炖肉的汤内还下大米、玉米等煮稀粥喝,称为"羊肉粥",这是最后一道饭。

图 4-6　村民在吃手把肉

奶油:蒙古语叫"希日陶苏"。其制作方法是把抽干了水分的白油放入铁锅内,经过温火煎熬后分解出清黄色的油脂,这就是奶油,当地又叫黄油。人们把奶油放进炒米里一起吃,或煎饼吃,其味道浓而香。有时也当做药引子用。

"阿木斯"、"陶胡来"等白宴:"阿木斯"即牛奶煮饭。其做法是,把黏米、粳米或大米,淘净后下锅,加少许水煮一会儿,再加牛奶、奶油,干稠时开始搅拌,一直到饭熟即可。"陶胡来"即牛奶煮面片。其做法是先把白面或荞面和好后,擀成薄片,再切成棱形,下锅煮熟之后捞出来。把鲜牛奶或奶油倒入锅里烧开之后把煮好的面片下到锅里烧开即可,再加奶油、白砂糖就可食用,也叫"牛犊汤"。

科尔沁沙地边缘的半农半牧村

火锅：用肥肉片隔成四五格，每格儿里塞满干豆角、粉条、肉丸子、木耳、海带、黄花菜等原料，放好食盐、味精等调味品，盖好后用柴火或木炭煮熟即可，既美观又好吃。一般冬天过农历年时才制作。

图4-7 村民正在做火锅（20世纪80年代照片）

（四）饮食习俗

本村饮食习惯是一天三顿均为正餐。很多人家早餐的内容是喝红茶、吃糕点或奶豆腐，所以起床第一件事就是烧水。如果吃炒米就不再吃其他的主食。家里来了客人，或休闲时，早餐必须煮饭、做菜。节假日，甚至平常没重要事情时，早餐也喝白酒。午餐和晚餐也照样煮饭、做菜。有客人时必有酒肉招待。晚餐时，中老年人一般独自或跟老伴一起少喝点酒。很多人喜欢喝酒，喝白酒的占多数。

村民的饮食种类在一年四季有所不同。

春天是食品缺乏的季节，多食用从市场上购买的大米、白面，还食用小米、荞面、黍面等。过完春节，冷冻的猪

第四章 社会生活

肉所剩无几，就从市场上买猪肉。买猪肉时，多数人选择肥肉，认为肥肉便宜，又好炒菜。此时，市场上的新鲜蔬菜很贵，自家菜园的新鲜蔬菜尚未成熟，村民的副食种类主要有鸡蛋、豆腐、豆芽、小葱等。

夏天和秋天，市场上的蔬菜丰富，价格低廉，自家菜园的蔬菜也能供给。在这两个时间段，村民能够吃上比较新鲜的蔬菜。随着雨季的到来，草木丰盛，母牛产犊。这是挤牛奶、制作奶食品的好季节。此时鲜奶、酸奶、新鲜奶豆腐最丰富。但是最近几年连续干旱，村民自己不挤牛奶，不制作奶食品了，而是从市场上购买奶食品。不过村民觉得市场上卖的奶食品，价格既贵，味道也远远不如自己做的好吃。

夏末秋初，羊群长膘，家境富裕的牧民杀羊，吃手把肉。

冬天气温下降到结冰时，村民开始杀猪。杀猪后，先吃血肠、心、肝、肺等内脏，其余的肉大部分存放起来，准备炒菜用。猪头和猪蹄准备春节时食用。同时购买大白菜、土豆、葱等储存起来，以备冬天食用，并用大缸渍酸菜。很多人家用豆角、茄子、胡萝卜、尖椒、芥菜等腌咸菜。冬天是举办婚礼的最佳季节，还要过农历年。因此很多人家不仅食用自家生产的肉和菜，还要从市场购买鱼、风干牛肉、海带、木耳、黄花菜、花生米、鸭蛋、香肠等物品。

烟、酒、茶是一年四季常用的消费品。

中老年男性一见面就递烟、点烟，然后才谈事情。妇女基本不抽烟，只有几名老年妇女抽烟。现在村里年轻男子抽烟的越来越多了。年轻人主要抽香烟，老年人抽旱烟。一般抽几元钱一盒的香烟，最贵不超过 10 元。旱烟便宜，

1斤几元钱。据小卖店店主介绍，烟酒属于最畅销的商品。

酒以当地酒厂生产的白酒为主，有瓶装的、塑料袋装的和散装的。最贵的酒1斤不到10元，散装的和塑料袋装的白酒1斤卖2元左右。酒的度数为38°～52°。酒是家庭招待客人或婚礼、葬礼等集体场合不可缺少的饮品。在春夏两季，还饮用啤酒、饮料等。现在学生升学宴请、饭店或商店开业典礼等各种庆祝活动频繁举行，村民到饭馆喝酒的机会也多了。不过村民反映，喝醉的人反而少了。

村民普遍喝红茶。中老年男女都喜欢喝茶。以内地的滇红等红茶为主，一天喝2～3次。家里来客人都沏红茶招待。近些年，有人开始喝绿茶和保健茶了。茶叶的价位，一般一斤在十几元到几十元之间。2006年涨价后，茶叶的价格最低每斤30元左右。

近30年，村民的饮食习惯发生了很多变化。

首先，大米、白面等细粮代替了过去的玉米、高粱等粗粮。过去节日才能吃到的大米、白面变成日常食用品，而且品种多，价格低。玉米、小米、炒米等反而成为珍贵的高档食品了，不过很多村民反映这些食品不如过去那么好吃了，因此很少吃粗粮。

其次，喝酒抽烟比较自由了。烟酒的种类齐全，档次、价位多种多样。过去主要抽旱烟，喝散白酒，现在小卖店卖的香烟就有十几种，以云烟为主，没有本地产的香烟。酒有鲁北产的扎旗二锅头、塞外狼白酒，库伦生产的特制白酒等几种。随着各种庆祝活动的增多，抽烟喝酒的机会也增多了，全村烟酒的消耗量比较大。

最后，饮食的商品化程度提高了。过去本村的粮食、肉类、蔬菜、奶食、旱烟等大部分自产自销，酒、香烟、茶叶、糕点等从外地购买。现在不仅粮食从市场购买，连猪肉、奶食品、鸡蛋等都依赖于小卖部，从小卖部购买食用。挂面、方便面、香肠、榨菜等方便食品也成为很多村民青睐的食品。

（五）饮食消费

据笔者 2007 年入户调查，每个家庭和每个人的饮食习惯不同，因此消费数量也不同。村民没有记录收入和支出的习惯，因此他们填写的"住户基本情况调查表"中的数据有估算的成分。结合笔者在村中生活的亲身体验，村民的饮食消费情况如下：

大米：3 口之家 1 年消费 10 袋左右，6 口之家消费 18 袋左右。大米每袋 25 公斤，一般家庭 1 年吃 250~450 公斤。市场上大米零售价每袋 75 元左右，每公斤 3 元左右，普通家庭 1 年消费 750~1350 元。平均每人每天消费大米 0.2~0.3 公斤，支出在 0.6~0.9 元。

用小麦加工制作成的面粉被称为白面，食用量比大米少一些，3 口之家 1 年食用 5 袋左右，6 口之家 10 袋左右。1 大袋白面重 25 公斤，65 元左右。普通家庭 1 年之内吃 125~250 公斤，每公斤白面现价 2.6 元左右，1 年大概消费 320~650 元。每人每天消费 0.1 公斤，支出约 0.26 元。

食用油：1 年之内最多消费 50 公斤食用油，少则 10 公斤、15 公斤。市场现价每公斤 10 元左右，每家每年购买食用油的支出在 100~500 元。食用油消费量不是很大，与村民用猪肉炒菜有关。

肉类：每个家庭的消费很不一样。自己养猪，1 年杀 1 口 130 公斤左右的猪，不够吃再从小卖店或肉铺购买。偶尔杀羊吃，一只山羊出 15~20 公斤肉。自己不杀牛，有重要事情时从市场买牛肉吃。只有少数几家，1 年中偶尔几次买鱼吃。人数少的家庭 1 年内消费 150 公斤左右的肉，人数多的大家庭也不超过 350 公斤。市场上 1 公斤猪肉现价 24~28 元，从市场购买 1 年的肉类支出大概在 600~1200 元。平均每人每天约消费 0.2 公斤肉，支出 6~7 元，这里面包括了招待客人等的肉类支出。在各种庆祝活动和节假日以肉食为主，肉的消费量最大。

肉类消费个案：图某和葡某家有 2 个儿子，共 4 口人。去年他们家养了 4 口猪，冬天（12 月）杀了 1 口 75 公斤左右的 2 岁猪。虽然 2 个儿子在外读书，但他们家兄弟姐妹多，来往的客人多，不到 4 月肉就吃完了。从市场上又购买了 10 公斤猪肉。2011 年大儿子考上了大学，为了庆祝孩子升学，8 月他们宴请了所有亲戚朋友以及大儿子的小学、初中同学，杀了 1 口猪，还杀了 2 只山羊、4 只鸡，买了一些风干牛肉、鱼肉等。肉类消费约 300 公斤，折合市价 5000~6000 元。今年他们又买了猪崽，准备明年的肉食。2011 年的猪肉涨价，猪崽的价格也暴涨，购买 1 只猪崽需要四五百元，很多人家觉得不合算，有的人家甚至买不起了。

图 4-8 本村村民举行婚礼时准备的饭菜

蔬菜：每天都食用，品种多，价格不稳定，很难做详细的记录。多数村民估计说，如果只从市场上购买蔬菜，1年最少需要支出 1500~2000 元。这样计算，普通人家每天蔬菜的消费就需要 4~5.5 元，每人每天需要 1 元左右。

图 4-9　村民家里种植的蔬菜（2008 年 8 月）

瓜果和糕点：瓜果和糕点是季节性食品。瓜果在夏秋季食用，主要从市场上购买，孩子多就多买。多数村民估计 1 年中购买瓜果支出 200~400 元。糕点主要在冬季食用。春节前后喝茶时，或者招待客人时，摆放一些糕点。一年中糕点支出几百元。

烟酒：全村烟酒消费总量大增，但每户和每个人的消费情况则大不同。有人每天都离不开烟酒；有人则不抽烟也不喝酒；有的村民爱喝酒，但不抽烟；有的村民抽烟，但不喝酒。据笔者调查，有的人家一天最多能喝 3 斤白酒，有的人一天抽 1 盒多香烟。在接待客人、欢度节日，以及庆祝活动时，烟酒消费量非常大。家里有重要事情请客时，喝几十斤白酒和几箱啤酒是常有的事。本村烟酒的单位价格虽然不高，总的消费量却不少。村民估计，一年中最少的人家需要200元，最多的人家需要3000元左右。几个小卖店的主要收入均为烟酒销售。

茶叶：人口多的人家，1年最多喝5公斤左右；人口少的人家喝0.5公斤左右。村民普遍喝便宜的滇红茶，喝的次数多，1年花销不超过300元。保健茶每斤不超过几十元。因为高血压、高血脂的人增多，有些人开始喝保健茶，因为效果一般，喝得人并不多。

奶食品：近几年干旱之后，村民自己不生产奶食品了，从商店买牛奶等奶食品。自己家不再挤牛奶，从市场上买牛奶喂羊羔。主要购买科尔沁乳业加工的牛奶及少量的奶豆腐、奶油等。一般情况下，普通人家一年需要支出300~500元购买奶食品。

豆制品、调味品、糖等，村民食用量少，价位低，三四口人的人家，一年之内用不了几百元。其中豆制品的消费稍微多一些。调味品只有食盐、味精、酱油、花椒、葱等。水果糖、奶糖等，只有过春节时买几斤，支出几十元。

整体上看，村民的饮食消费，大米白面等主食的量最多，其次是猪肉等肉类和蔬菜。价格上肉的消费最多，其次是蔬菜、粮食、烟酒。从饮食消费结构上看，具有典型的半农半牧区的特点。

三　居住

（一）房屋造型及结构

保根他拉嘎查的牧民比较早就定居下来，传统意义上的蒙古包早已绝迹,现有的房屋主要有土坯、泥土、木料建造的土房和砖、水泥、瓦、木料建成的平房或瓦房。生产大队(或嘎查)办公室、供销社、学校等公共场所是砖瓦房,村民的住房大多是两间或三间平房或瓦房,村外放牧的牧埠一般是两间或三间简陋的土房。

　　本村建村以来,大规模搬迁过两次,房屋的造型和结构发生了几次变动。1984年以前,村子位于保根芒哈沙丘的西南角平缓地带,那时房子全部都是土房。除了生产大队、两个生产小队、供销社、学校是多间土房外,社员家的房屋基本上是两间或三间简陋的土房。典型住房结构图如下所示。

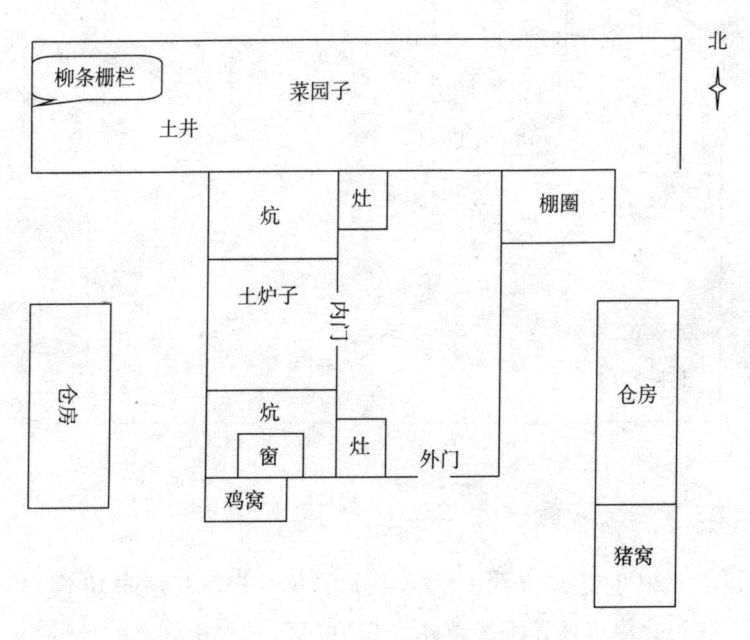

图 4-10　搬迁前本村典型住房结构图

　　1984年全村搬迁到距离原村子西北处1里远的平坦的

碱地上。房屋条件大有改善,屋内的高度普遍增加。嘎查、供销社、学校都盖了砖瓦房。村民的房屋面积和结构有所调整。全村由嘎查统一规划,整个村庄的格局整齐,绝大多数村民的居住结构类似,如图 4–11 所示。

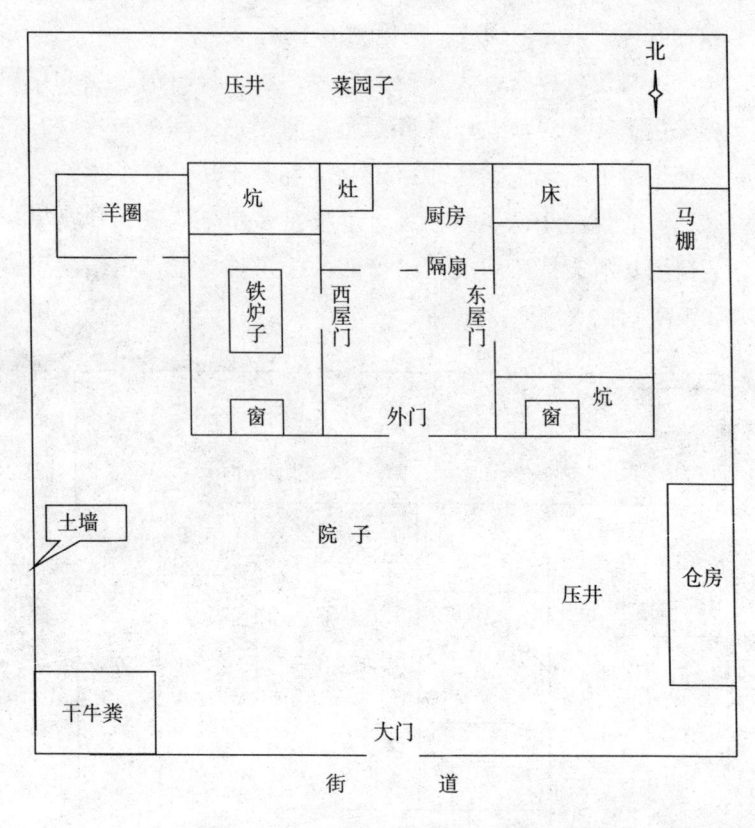

图 4–11 搬迁后本村典型住房结构图

20 世纪 80 年代末 90 年代初,本村先富起来的 10 多户村民在原房址盖了平顶砖房和尖顶瓦房,和原来的土房相比,房屋结构和布局基本没变,只是使用面积增加到三四间。在 1998 年的大洪水中,只有这些砖瓦房没有倒下,其他土房全部被洪水冲塌。1998年冬天，在政府和各界人士大力援助下，被洪水冲垮的三个自然村搬迁到原毛图高庙旧址东侧，200多户全部盖了砖瓦结构的房子。屋内结构没变，面积都是40~50平方米，没有菜园、院子、棚圈等辅助设施，不让牲畜进村。全村搬迁的第二年，很多村民又开始建自己的新牧埠。现在在村里长期居住的才40多户。新盖的房屋很多是土房，有少部分砖瓦房。住房内部结构变化不大，居住设置各种各样。很多房屋是为放牧而建的简陋房子。

图4-12 牧民的简易房子

（二）房屋的建造和维护

村民眼中最理想的房址是后有高坡、树林等依靠，前有平地、湖水等，视野开阔。刚建村时的旧保根他拉嘎查属于比较平坦的地带，南部有湖水，北部有高坡、沙丘，厚厚的碱土适合盖土房。而且旧址居于全村草场的中心位置，到达四周牧埠不太远，最远20里地，便于集中居住和分散放牧。

村民盖房子选址首先考虑有碱土的地基。没有碱土只用沙子盖不了土房。现在虽然能盖砖瓦房，但盖棚圈、围墙都需要大量的黏土，得用三轮四轮等农用车运来黏土，所以必须找有碱土或距离碱土地不远的地方。其次是邻居，长期在一起生活，从鸡和狗等家禽到牛羊等牲畜难免会发生冲突，性格不好的人难以相处。村民都懂得"远亲不如近邻"这个道理。另外，长时期的邻居生活，发生矛盾和摩擦的概率是很高的，因此很多村民认为兄弟姐妹成家之后，住处相互距离远一点好，避免产生矛盾，因此自然形成的邻居是父母和儿女，兄弟姐妹为邻居的少。选择盖房子时，一般习惯是父母在右侧，儿女在左侧。但是本村两次搬迁，在搬迁过程中都由嘎查委员会出面组织，第一次以抽签的形式确定每户的具体位置，第二次以分段，然后根据位置的好坏来定价位，形式统一规划，因此现在村民房屋的居住没有遵循传统规则。1998年洪水之后，很多村民在承包地上盖牧埠，为了防止水灾，盖房时都选择在高处。结果又出现了不利于冬天避风避寒的困难。

本村土房建造过程分为四步。

选址后，准备建房用的基本材料：檩材一间5~7根，制作门、窗的木料、玻璃，吊装顶棚用的高粱秸秆或芦苇，搅拌泥土用的烂草几车，砌墙用的木板、木棍、石头碌子、绳子等。

第一步，建筑外围墙体。用2米左右等长的墙板（木板）夹成一米左右宽的长方形的框子。框子的两头用木板堵住。两块墙板外侧的地面对应着竖立2~3组直径10厘米、2~3米高的圆木，用麻绳或铁丝把墙板两侧的两根圆木拢住，通过2~3组圆木夹住墙板，起到固定墙板的作用。然后在两块墙板的中间填上湿润黏土，踩平踩硬，并用石头碌子墩几遍，这样一层一层拔高到1.8米左右。这个工序需要很多男劳动力，连续工作一周左右的时间才能完成一户土屋的墙体。盖房时，亲戚朋友和村中的男劳动力，都自带铁锹等工具，主动来帮忙。妇女孩子也不闲着，为男劳动力做菜做饭。砌好的半截墙体需要晒半个月左右，等墙体干燥变硬后才能继续增高。在等待墙体干燥期间，还要准备土坯。黏土和草搅拌后，用长方形模具，制作出整齐的土坯，并用十几天工夫，把土坯晒干。晒干后的土坯一排一排摞起来，以备使用。

第二步，墙体干燥后，就继续增高外围墙。这时一般用搅好的较稠的黏土堆砌，为防止坍塌不能一下子砌太高，几天内砌高1米左右，到2米高的时候，墙体逐渐收拢成弓形或梯形，准备在墙体的顶部架上房梁。内墙一般用土坯砌成，砌得与外墙一样高。

第三步，上梁。墙体干燥后，把准备好的木梁抬起来架在墙体上，顺着人字形墙体的形状来摆放木梁。人们习惯在梁上系红布，上梁时在地上撒糖果给孩子吃，象征着屋主吉祥如意。

最后一步是盖顶部，这里叫"上包"。招集或自愿来的村民在固定好的房梁上编制高粱秸秆或芦苇等，然后再铺干草，其上面又放黏土。用脚踩固定后用泥巴抹平。同时请有经验的人砌烟囱、炕和灶，再用泥巴抹好。这些工作都在一天内完成。"上包"象征着这栋房子已经盖完，所以主人非常重视，杀猪杀羊，准备丰盛的饭菜招待帮忙的亲戚朋友和邻居。关系好的邻居还送礼物或钱等祝贺。"上包"的房子晒干后，再找技术好的村民刮泥子、安装门窗，一切完成后，找会看日子的喇嘛或老人选择吉日搬家。

20世纪90年代，本村有十几家盖了砖瓦房子。红砖、红瓦、水泥、石头、木板、铁窗、玻璃等材料从附近的市场上购买，租汽车、拖拉机运到村里。村民自己不会盖砖瓦房子，雇用科尔沁左翼中旗或开鲁等地方的瓦匠来盖房子。用石头打一米多深的地基，在此基础上砌墙，盖平面顶棚或瓦棚。虽然村民将盖房子的工作承包给瓦匠，"上包"时亲戚朋友还是来帮忙，表示友情。逐渐地有些村民也学会了瓦工活，1998年大洪水以后，在缺乏瓦工的情况下，不少村民自己动手盖起了房子。

近几年，村民在各自的承包地上，陆陆续续地盖了很多牧埠。由于家庭经济条件差距大，也没有统一的规划，有土房，有砖瓦房，大小也不同。由于村民居住分散，加上村民商品意识的增强，盖房子时来帮忙的人很少了，即使来帮忙也不肯下苦力，因而很多人自己盖或找瓦工盖房子，很少看到大半个村子的人一起劳动的壮观场面了。

盖房对每家每户来说都是重大的事情。从春天解冻后开始建造，大概需要一年时间，最快冬天才能搬进新房。土房子如果经常修缮，能住20~30年。如果不住也不修缮，不到两三年就有可能倒塌。砖瓦房比较坚固。20世纪90年代盖的瓦房，虽然遭到1998年大洪水的冲击，但仍安然无恙。土房一年一次或两次刮泥子。经过冬天的寒风，春天的沙尘暴，土房外层泥巴减少，如果不及时补泥巴，到六七月份，下几场连阴雨，房子很容易会漏水。村民从房屋附近或从远处运来黏土，和伴草搅拌成泥抹屋顶。把和好的泥装在旧桶里，人工用绳子提上房顶。泥巴厚度一般为2~3厘米。抹完房顶后，再抹被北风吹蚀的北墙、东墙，以及被家畜破坏的南墙。抹墙是很费力的工作，需要3~5个人相互协作，一天时间才能抹完三四间房屋的屋顶。

1~2个人抹外墙，慢慢干一天也能完成。秋天雨多，如果房屋受侵蚀严重，农忙期过后，还得修缮一次顶棚。另外，仓房、棚圈、猪窝、鸡窝、院墙等都得进行修缮。这样不仅过冬保暖，也比较干净、整齐。春节前，对房屋内部进行打扫和刷墙等修缮工作。过去从村里找来白的黏土，用热水搅拌，然后用笤帚等刷墙。现在从市场上购买白灰、刮泥子粉等来代替白黏土。一般用黏土、红砖等来铺地和修缮地面。

砖瓦房美观又结实，但需要经常修缮。近几年，嘎查和学校的砖房没有经费修缮，加上长时间没人住，现在变成了危房。一般情况下，村民经常重新整理房顶上被风吹翻了的瓦，两三年一次，抹水泥加固墙砖。春节前屋内墙体刮大白，补充破损部分。

正常情况下，房屋能住十几年或几十年。由于1998年的大洪水等自然因素，以及规划不周到等人为因素，近10年内，村民频繁建造房屋，更换次数也增多。1998年洪水后盖的房屋普遍面积小，再加上建造仓促，质量和外观都不太理想。1999年，保根他拉嘎查把村路两旁有经商前景的较好的地段卖给了村民，有20多户村民每家盖了三四间瓦房，准备开饭店、商店和药店等。由于村里不让进牲畜，位置又偏西，以及周围都有集市等缘故，很多家没能经营，因而陆续搬出。剩下的3户小卖店和1户修理部，因为扩大规模，买了几间，其余没用上。1998年大洪水后建的新村不适合放牧，绝大多数村民又到承包地上重新盖房子。开始建小屋，后来又加屋或换大屋。10年之内换过3次房屋是普遍现象，有的甚至换过5次。这里的房屋没有房产证，交换或更换时，双方协商之后就确定房屋的归属。这几年出外打工的人增多，他们走后把房屋租给或卖给其他住户。没人要空着的房屋也不少。

房屋除主屋以外还有仓房、棚圈、猪窝、鸡窝、车棚等辅助设施。仓房一般在房屋的西南侧或东南侧，粮食、猪肉、咸菜以及某些生产资料都储存在仓房里。仓房的结构比较简陋，两侧有小窗口、一扇正门，面积较小，10平方米左右。棚圈在主屋两侧，面积稍微大一点，不过结构更简陋，用泥垛或坯垒墙体，木桩子上架起几根檩子，再盖秸秆或芦苇，用于牲畜过冬或圈牛犊、羊羔。鸡窝紧挨着主屋，或建在院子的中间，分两层，一层是下蛋用的，另一层是鸡过夜的窝。猪窝建在距离主屋远一点的院子东南角或西南角，门口朝外，有的还分几间。这几年农用车增多，有些村民还专门盖了车棚，一般与仓房并排，不设屋门。

（三）房屋内部功能划分及其象征意义

本村土房多为一幢两间或一幢三间。

一幢两间的房子分内屋和外屋。内屋设炕，人口多的人家又建南北两铺炕。炕是睡眠、接待客人和吃饭的地方。炕上铺炕席或人造革，正中间摆放木质炕桌。人上炕后必须盘腿坐。两炕中间靠西墙放木柜，里边装衣服和珍贵物品。柜上摆放各种装饰品和经常用的小工具。柜子上边的墙上挂相框，里边镶嵌家庭或亲戚的照片。靠顶棚的墙上过去贴佛像或毛主席像，现在多贴成吉思汗像或自己父母的像。有些人家在靠西南角的墙上挖一个佛龛，点油灯和香火拜佛像。春节，墙上贴各种各样的彩色图画或明星挂历。冬天，在两炕之间的地面中间安装一个土炉子或铁炉子，用于烧水、做菜、煮饭和取暖。外屋有炕灶、橱柜等。

炕灶上的大铁锅用于炒黍米、煮猪食、炖猪头肉等,此外还经常烧水热炕。这几年,很多人家把内屋的炉子搬到外屋,只把炉筒通到内屋,这样不仅给内屋腾出了空间,又使整个内屋变得干净、整齐。在外屋摆放水桶、水缸、柴火等常用的生活物品。人口多的人家把外屋用隔扇分开,安装玻璃窗,使外屋也能住人。

一幢三间的房子一般分东西屋和外屋。分东西屋后住房面积明显增大,内部格局和功能也相应地发生了变化。内屋一般不设两个炕,靠北墙设立一个炕,南部靠墙处摆放沙发、衣柜或木柜等新家具,墙上除挂相片、明星海报外,还挂镜子、钟表、日历等现代物品。不设炕之后有的人家买床、圆桌、凳子,不仅可以在炕上就餐,人多时在茶几和圆桌上也能接待客人。外屋和两间房的结构和摆设没什么区别,也是做厨房和储藏室使用。新盖的砖瓦房很多是三间或四间,内部结构因个人爱好的不同而有更多的格式。寝室、厨房、餐厅分得很清楚。不过因自来水设施不完善,屋内没有设立卫生间或浴室。

在这十几年里,房屋的门窗也发生了很大的变化。20世纪70年代,多数人家有南北两个窗户。南窗分上下两扇,上扇由小木条格构成,从小格外糊纸,下扇为单层玻璃窗。北窗为很小的对扇窗,冬天堵住,春夏打开乘凉。外门是外装板门,内门为下半截木制上半截镶嵌玻璃。现在很多人家的窗户变为中间采光充足的玻璃,两边安装能够开启的铁框玻璃窗,不过很少有双层的。北窗变大,而且都安上了玻璃。外门改换成大的木制门或铁门,旁边设两扇辅助小窗户,使得外屋明亮宽敞。内屋门多为造型多样的纤维板门。从前这里的人们很少锁门,近几年村民防范意识增强了，出门都锁门，而且用的锁头越来越结实。

20世纪六七十年代很多人家的房屋小，人口多，一般三世同堂，有的四世同堂住在两间房屋内。这种情况下，祖父母住北炕，父母住南炕。儿女大的独立睡觉，小的和奶奶或爷爷一起睡。20世纪80年代后期，住房条件逐渐改善，很多人口多的人家盖了三间房，爷爷奶奶等长辈住西屋，父母和孩子住东屋。如果两代同住的话，父母在西屋住，孩子们在东屋住。现在很多人家都变成只有三四口人的小家庭。即使和父母一起居住的人家，也分设房间，自主居住的多了。第二次土地承包后，很多人家到自家承包的地上盖房居住，上年纪的稍微有劳动能力的、自己独立过日子的父母住在村子，儿女们到牧埠居住经营牲畜。空闲时来村里看望父母。

（四）房屋支出

近几年，保根他拉嘎查的房屋支出有以下几种情况。

20世纪80年代初村民搬迁到新村时都盖土房，没花多少钱，每家出几千元，雇用敖汉旗泥班，主屋由他们盖，其他的补助设施自己建。

最贵的是20世纪90年代盖的砖瓦房，三四间瓦房一般都花2万到4万元，比较富裕的人家才能盖得起。当时牛的价格低，羊绒价高，需要几年的积蓄，才能盖起一座像样的房子。盖房支出包括材料费、运输费、工费等，不包括家具费。

1998年大洪水之后盖的房屋，政府提供了砖、瓦、水泥等材料以及瓦工，村民只需自筹檩子、门窗等，所以一般花费三五千元。1998年后，十几户特困户实在没有办法解决自己的住房问题，保根他拉嘎查就把原学校的旧平房以 1000 元的价格卖给他们住。1998 年建新村盖的房屋，因很多人搬到承包地建牧埠放牧，空房很多，如果有人购买，几千元就能成交。

近几年在承包地上盖的牧埠，如果是砖瓦房需要 2 万元左右，土房仅仅几千元。因家庭条件各不相同，贫富差距大，房屋支出也大不一样。

此外，房屋进行扩建、改换顶棚、修缮，建造仓房、车库、棚圈等附属设施也需要一定的费用。1998 年洪水之后建的房屋面积较小，有条件的村民都扩建了一两间，花销几千元不等。2002 年通辽电视台扶持部分村民，原孟格图嘎查的贫困户的土房都换了瓦顶。自己换三间房的瓦顶需要材料费 3000 元左右，还需要手工费、餐费等。砖瓦房的外部几年修理一次，内部一年打扫一次，修缮费很低，省事又省力。土房一年一次或两次抹泥，几乎不花钱，出一顿饭钱就可。仓房和车棚因家庭经济条件的不同，大小、建材都不同。盖两间砖瓦结构的仓房或车库需要 4000~5000 元，比较富裕的人家才能建。土仓房或车棚 1000 元以内就能建成。棚圈也有大小区别和砖瓦或土质的区别。砖瓦结构的棚圈需要几千元才能建成。土质棚圈仅买几根檩材，花几百元，靠自己的劳动就能建成。

四 出行

（一）出行方式

新中国成立前，出行主要依靠马。放牧、打猎时骑马，远行时也骑马。运载物品主要用勒勒车，以牛拉车。

生产队时期，50公里范围之内，人们除了骑马出行外，还乘坐四匹马拉的宽胶皮轮的马车，或乘坐28马力或55马力的拖拉机，来往嘎查与公社或旗政府之间。有限的几辆马车和拖拉机属于集体，举行婚礼、葬礼时才被批准使用。

20世纪70年代后期，到鲁北、通辽等城镇时能坐班车。通霍铁路修建后，20世纪80年代开始能坐火车出行的人越来越多。不过从村子到达车站的15公里的路程仍然需要乘坐牛车、马车以及毛驴车。

20世纪80年代初，家庭联产承包责任制初期，全村每家每户都买了小型的窄胶轮车，役使牛、马或毛驴拉车。20世纪80年代末，随着人们生活水平的提高，几年内兴起了宽胶轮车，驾两匹马拉车，属于比较高档的出行工具。

进入20世纪90年代后，买三轮或四轮农用机械车的人多起来。在附近100公里的范围内，使用这些车出行。近几年，每家每户都买了二轮摩托车，行驶于嘎查与牧埠之间，买菜买酒或到苏木办事，一两个人骑乘摩托很快就能回来。有几家买了轿车，但沙土路不利于行驶，只有北京吉普车才能无障碍地行驶。买小型班车，在扎鲁特旗和通辽市之间载客运输的都没成功。此外，有几家买了中等的农用柴油车拉货、拉牲畜，有时载着村民去观看那达慕大会或赶集。机械车完全代替了过去的畜力，村民的出行变得更方便，形式也变得多种多样。

据2008年笔者入户调查，全村现有车辆详细数字如下。

中等的农用柴油车18辆。村民买这样一辆新车最高价5万多元，买二手的2万元左右，已经购买的车辆大多为3万元左右。太便宜的用不了几年，还要加上修理等费用，贵的一般人家买不起。主要用于倒卖牲畜和拉货。速度快，载货量多，适合跑远途和沙子路。

农用四轮车有 126 辆，新车价位在 8000 元到 12000 元之间，多数人买 1 万元左右的。主要用于农耕、割草、拉柴火和短途出行。该车的特点是马力大，但速度慢，耗油量大，所以一般出行不用它。

农用三轮车 23 辆，价位在 7000 元到 8000 元之间，20 世纪 90 年代村里一度流行，速度较快，但因载货量少，力气不大，经常出毛病，很快便被淘汰了。

二轮摩托有 261 辆，村民一般买 5000 元到 8000 元价位的，现有最好的是雅马哈牌。二手摩托 1000 元就能买到。十几里路，骑乘一两个人，不管白天黑夜都能骑，是代替马和驴的最快捷最省事的交通工具。

马车 4 辆，毛驴车 6 辆。家里没有青年劳动力或家境贫穷的人使用这些旧式交通工具，价位在几百元以内。

大蓬头车、松花江面包车、轿车等各 1 辆，少数经商户使用。

（二）出行习俗

1. 择吉

订婚后将要当女婿的年轻人探望女方家时都选择正月初二出行。春节后第一次出门到远方，大多选择初六或初八，很多村民认为偶数吉祥。结婚时找会占卜的人，选择吉日和吉时，以及出行方向和乘用的车辆。现在市场上专门有卖占卜的日历，有的村民出行、办事，或遇到难事时，都按照上面提示的去做。

2. 禁忌

从除夕开始到元宵节，在没有特殊或紧急情况下，不出远门。看望同村或附近的亲戚朋友时,初五不出门,认为破五给自己和朋友不会带来好运气。有"七不出八不进"的说法,所以在正月初七和初八这两天很少串门。认为腊七、腊八是一年当中最冷的日子,必有一个人冻死,所以尽量减少出门。进人家房屋时不得携带马鞭、木棍等工具。人家的狗来咬你时,只能挡不能打。进屋时不能踩门槛,更不能站在门槛上。来客离开时不得紧跟着扔垃圾,或打扫有灰尘的物品。客人骑马离开时,不能立即加鞭奔跑。这些禁忌都是传统的旧习惯。现在随着科学知识的普及和迷信思想的破除,有许多禁忌人们已经不在乎了。

五 文化生活

(一) 文化生活内容

保根他拉嘎查有尊重知识,尊重人才的习惯。但是偏僻的地理环境和长期的封闭使得村民处于无知愚昧状态。开始学习科学知识,了解外界是新中国成立后的事情。

内蒙古自治政府成立后,建立了全日制小学,开创了学校教育,开始教数学、蒙古语文、汉语文等课程。20世纪五六十年代,念过小学三四年级就算得上有文化的人。上学的人都能看懂本民族的语言文字,所以读过书的村民中流行读小说或讲故事的风气。蒙文版的《三国演义》、《水浒传》、《西游记》和尹湛纳希的《青史演义》、《泣红亭》等书是人们经常阅读的书籍。生产大队和学校遵照上级指示,给村干部和教师订阅《哲里木日报》、《内蒙古日报》以及《人民日报》等报纸,提高干部的政策水平和文化知识。这些措施直接或间接地影响了其他有文化的村民和学生，开阔了他们的眼界，扩大了他们的知识面。但是绝大多数村民汉语水平有限，读懂汉语报纸的人极少。

　　生产队时期，生产大队利用冬季的休闲时期，组织爱好文艺的年轻社员进行训练，逢年过节时给全体村民表演唱歌、跳舞、演奏等节目。节目以歌颂共产党，歌颂社会主义，歌唱幸福生活为内容，丰富了农牧民的文化生活，同时展示了爱好者的音乐才华。元旦、春节时，还去老红军和军属家，进行慰问演出。有些表演出色的节目，还到外村表演。同样，外地外村的歌唱团也经常拜访本村。来本村表演的水平较高的歌唱团是扎鲁特旗的乌兰牧骑（文艺组织）。夏末秋初，乌兰牧骑的演员们来到村里，在空旷的平地上，给村民表演他们的精彩节目，村民近距离观看节目。那个时代，生产队里也常来劳瑟尔、特木尔等外地的说书高手，利用村民的业余时间，给村民说书。说一周甚至十天半个月的时间。此外，公社和旗委也组织电影放映人员，一个月或不定期来村放映纪录片、故事片、战争片等电影。对于没有电没有剧场的村民来说，电影有极大的吸引力，周围的村民也赶来观看。遗憾的是很多村民听不懂汉语，只是看动画而已。实行家庭联产承包责任制后，有几个人承包电影，建立放映屋卖票，连续几天或几个月放映电影，但是由于有了电视，以及村民在农忙时期没有时间看电影，放映屋很快就停业了。

　　20世纪70年代，村民开始购买收音机，能够收听哲里木盟电台和内蒙古电台的蒙古语节目，为不认字的村民了解外界和娱乐提供了方便。村民通过听新闻，了解哲里木盟内外发生的情况和国内国外出现的重大事情。大多数人喜欢听故事，丰富了村民的民族语言词汇量。民歌、音乐节目给他们带来欢笑。每家每户都听收音机，听点播歌曲和春节晚会成了村民日常生活不可缺少的精神文化活动。

　　1975年原保根他拉嘎查的牲畜达到1万头（只），为了庆祝生产战线上的大成就，生产大队组织召开大会，同时邀请周围村的村民进行了博克、赛马、男子万米长跑等那达慕大会。20世纪七八十年代，外地杂技团也偶尔来村演出，给村民带来了欢乐。1985~1988年期间，巴彦芒哈苏木组织苏木境内的农牧民，连续3年举行那达慕大会。本村的赛马在各种竞赛中名列前茅。1995年，距离本村不到30公里处开设了哲里木盟珠日和草原旅游区，每年的8月18日举行全盟或内蒙古东部地区的大型那达慕大会。一开始，全体村民不分老少都去看比赛，有的村民还进行小商品交易或饮食买卖。后来由于各种限制增多，以及村民不能亲自参与，去看的人越来越少。此外趁祭敖包、通电、老人的本命年等机会，村民偶尔还举行摔跤、赛马、男女赛跑等小规模的个人那达慕大会，可惜的是条件有限。这里一直没有开展射箭比赛。

　　20世纪90年代以来，电视很快普及并占领了村民的文化生活阵地。有卫星电视接收器之后，电视的频道数大大增加，视觉效果清晰。大多数上年纪的村民因看不懂汉语节目，只爱看蒙古语频道。用天线接收器期间，村民收看哲里木盟电视台有限的蒙文节目和他们传送的内蒙古电视台的其他节目。现在用卫星接收器后，能看到包括内蒙古蒙古语电视台的30多套节目，反而看不到通辽电视台的节目，无法了解身边发生的新闻了，对此有些村民很希望通辽电视台能够上卫星台。随着直播节目的增加和各种大型文体活动的陆续开展，村民能够及时了解国内外情况，对国内有名的大演员、体育明星、政治人物乃至世界名人等都有一定的认识。尤其对内蒙古电视台的那达慕大会现场直播节目里的有名博克选手、主持人、歌唱家都比较熟悉。观看电视节目已成为村民的主要文化生活。

自古以来，本村流行棋、牌类活动。没有棋盘和棋子的情况下，在地上画图，用土块或木块能玩"宝根吉日格"。用木块或牲畜骨头特制的"吉任牌"或"叮路尔牌"是本地区传统的玩具。近年来传入的军棋、中国象棋、扑克牌、水浒牌以及麻将等，很快普及甚至代替了传统玩具。随着商品经济的发展，村民业余时间的增多，以及周围社会环境的影响，在不少村民中出现了赌博现象。据很多村民反映，这种风气呈现扩大的势头。多数村民认为，这是受外地影响的结果。

（二）文化生活支出

20世纪六七十年代，在一部分懂蒙文的人当中，读书、读报纸流行。据当时的村干部回忆，学校和大队订报纸杂志一年花不了15元，很多情况下互相借书看，个人很少买书。

2006年本村小学合并到巴彦芒哈中心学校，村里的8名教师都到苏木任教，本村学校的设备被废弃。近些年，没有人关注文化机构以及文化设施的建设。据笔者调查，现在高中毕业生和会念书的人很多，但自己买书看书的人极少。读书支出近于零。

据老人们说，新中国成立前，较富裕的农户邀请说书唱歌的人来家里表演时，作为报酬一般赠与一只羊或一头两岁牛。生产大队组织文艺表演团给村民免费演出，给参加演出的年轻人记工分，年终得劳务费。当时提倡奉献精神。从外村来的表演队或旗里来的乌兰牧骑也不收费，都是义务演出，生产队解决他们的吃住问题，送给简单礼物。生产队时放映电影也免费，后来个人承包后才售票放映。

20世纪80年代末90年代初，观看一次电影收1~2元的门票，平均每人1年花20~30元。对个人来说，当时是不小的数目。

20世纪90年代末，有几个村民办了歌舞厅，收门票，专为中青年村民服务。经营户买组合音响、彩灯等基本设施，准备简单的饮料、瓜子、口香糖之类，投资不到1000元。很多人到冬天休息后才进入舞厅，组织者赚钱速度慢，管理差，不到3年就停业了。村民的跳舞支出不同，而且不多。同时期，台球进入本村。因为总有人赊账，不到5年，又没人经营了。

20世纪70年代，买普通的收音机花30~40元；80年代质量较好的收音机涨到了70~80元，这个价位跟当时收入比不算低。20世纪80年代中期，开始有购买录音机的村民，一般需要200元左右。没有交流电，用干电池录放。这些小家电耗电量低，一年下来花不了几十元。1987年，本村有了第一台电视，是黑白电视，价钱在500元左右。一开始，用柴油发电机发电收看电视，后来使用风力发电机，能够经常看到节目。因天线简陋，视觉效果一般，只能收看有限的几个频道。20世纪90年代，电线接通，村里可供电后，很多村民购买了彩电，大部分是17~18英寸的，价格在1000~2000元不等。2000年后，随着卫星接收器的普及，电视视频效果明显提高，有的电视效果能与城市的有线电视相媲美，最多能收看40多个频道的节目。卫星接收器的价格为 180~450 元。新结婚的和富裕的村民能买 25 英寸以上的高性能电视，以及 VCD、DVD 等家电。25 英寸以上的电视价格在 2000 元左右，录放机价格为 200~500 元。与普遍涨价的牲畜相比，这个价格不算高。现在几乎每家每户都有电视。

总体看，村民文化生活的支出不高。

第四节　生老礼俗

一　生育习俗

结婚成家后生儿育女是正常的事情。婚前怀孕生孩子被看做是丢面子的坏事情。出现这种事情，父母就赶快把女儿嫁到远处或嫁给条件不如女儿的男子。曾出现过年轻女子失身的例子。这些往事在她们面前是不能提的。只有知情的亲戚产生严重的矛盾互相谩骂，指责对方不光彩的过去时才解密。

老一代的人们多属于早婚早育，有的刚过 13 虚岁就嫁出去，十四五岁就有孩子了。现在五六十岁的人，大多在十七八岁就结婚生孩子。所以不少年过 70 岁的老人，已经成为曾祖父、曾祖母。实行计划生育政策后，这里的婚龄稍微推迟，现在平均婚龄为 22~23 岁，25 岁左右要孩子。

本村的传统生育观是重男轻女。很多父母都认为有了儿子能够继承家业，死之后不必担心没人给坟墓上添土。儿子好歹姓自己的姓氏。嫁出去的女儿，射出去的箭。分家时，父母一般给女儿的财产少，反而从女婿家要哺乳抚养成人的礼物，等于把女孩看做他人家的人。新中国成立后，经过长时期的男女平等思想宣传后，这种重男轻女的观念才有所改变。在我们采访中得知，很多年轻人愿意要一个孩子，但条件是男孩。有些人家为了要一个男孩子，敢于生第三胎。有一男一女两个孩子的，一般不要第三胎。这表明传统观念根深蒂固。不过有了孩子后，不管男孩女孩都平等地看待，认为"毕竟都是自己的骨肉"。没有为了要男孩而溺婴的现象。孩子多了，即使家庭经济条件再不好，父母也承担养育的任务。没有儿女的人家，领养孩子的例子也不少。

实行计划生育政策后，生育卫生条件大大改善。

20世纪80年代以前，妇女分娩全靠村里的赤脚医生和有经验的老年妇女。由于卫生条件差和缺少相应的医疗条件，虽然出生率高，但婴儿死亡率也比较高，因为难产死亡的妇女也较多。生孩子被看做是妇女的一个生死关。产后不给吃营养价值高的食品，以及怕受风堵死门窗等不良习惯，导致很多妇女在产期患各种疾病。

现在妇女怀孕后，必须定期到扎鲁特旗里的医院进行检查，咨询妇科大夫，做B超检查等。到鲁北计生医院让专职医生接生婴儿。虽然需要花费1500元左右，但母子的安全有了保障。近20多年来，没有出现孕妇难产死亡的病例。同时，很多妇女生完孩子后，自愿到医院采取节育措施。据课题组访问，很多妇女采取戴节育环的方式，没有出现后遗症。扎鲁特旗里的防保部门专门给刚出生的孩子打疫苗，采取预防措施，婴儿死亡率也明显下降。

由于人口多，土地质量下降，村民的生计趋于下降和恶化。在这种情况下，多数村民赞成计划生育政策。少生优生，男女都一样等现代观念逐渐深入人心。

二 诞生礼

婴儿出生后，妇女坐月子期间，亲戚朋友和邻里家的妇女们给产妇送鸡蛋、肉、婴儿服装或布料等，叫做"下奶子"的礼物。坐月子期间，拒绝男人来访。满月时，生孩子的人家邀请接生婆、亲戚朋友，及那些下奶子的左邻右舍，庆贺孩子满月。孩子的亲爷爷奶奶以及直系亲属们，赠给孩子牛羊等贵重礼物。主人家准备酒席，热情款待来祝贺满月的客人。家长抱着孩子，让孩子给客人磕头。客人们祝福孩子长命百岁。家长还要请一位德高望重的老人给孩子起名字。更早的时候，孩子起名字时，要去庙里或高寿老人那里求得吉祥如意的好名，所以村民中有藏语名字的人较多。起名字时，有些年轻的父母把自己喜欢的名字说给老人们听，征得老人的同意。现在起的名字中蒙语名占多数。现在孩子满月时，主人一般在村子的饭馆预订酒席，邀请一直有来往的亲戚朋友。客人们则根据与主人的情谊送额度不等的礼品。

孩子1周岁时给孩子过生日。很早以来，这里都按旧历，即用农历来记孩子的生日，依靠生肖记年龄。1周岁那天给孩子剃发、戴帽子。同时邀请亲朋好友来祝贺。让孩子做"抓岁"的游戏。炕上铺好毯子，毯子上摆放钱、衣服、线团、糖果、筷子、刀、笔、书等，让孩子去抓，以此预测日后孩子的前程。如果孩子抓到糖果之类的食物，就判断将来孩子会成为吃喝玩乐的享受型的人。还要给孩子打"绊脚线"，即用单根的棉线把孩子的双腿绊住，然后用剪刀剪断，具有约束孩子走路端正的意思。多数人认为举行这种仪式后，孩子走路明显不一样了，这是迷信，是心理作用。但村民一直信奉此习俗。

三　婚礼

定亲后，女方家摆酒桌请关系最近的亲戚做客。在酒宴上介绍将要当女婿的新人。准女婿穿戴整齐的衣服，在父母和介绍人陪同下，给女方的亲戚敬酒。同时，双方的父母和介绍人一起讨论婚事，尤其是聘礼问题。20世纪80年代前，主要流行男方给女方送烟酒肉等招待用的物品，现在变成男方给女方送钱的形式。准公婆以赏的名义给新娘几千元的现金。从前，女方的亲戚来喝喜酒不带礼物，现在变成必须送钱等礼物了。

定亲酒喝完后，双方家长开始商量彩礼等结婚的具体问题。20世纪七八十年代，习惯按女方家的要求由男方家准备房屋、家具、家电、被褥以及车马等生产生活用品。当时，一般在几千元之内都能准备齐全。现在随着对外交流的加强和商品经济的发展，女方家提出的要求越来越多，结婚条件越来越高。很多年轻人结婚时就必须准备好生活的一切物品。女方给女儿准备嫁妆，男方准备彩礼等。新娘需要戴双金双银，或三金三银等金银首饰。包括家具家电等，全部加起来没有几万元举办不了婚礼。家境一般的人家，父母一时拿不出这么多彩礼，就向别人借钱或借高利贷，结婚后再由儿子偿还外债。

一切准备就绪后，举办结婚典礼，请全村以及周围亲戚朋友喝喜酒。以前让几个小青年挨家挨户口头邀请村民来喝喜酒，现在变成发请帖邀请客人。

第四章 社会生活

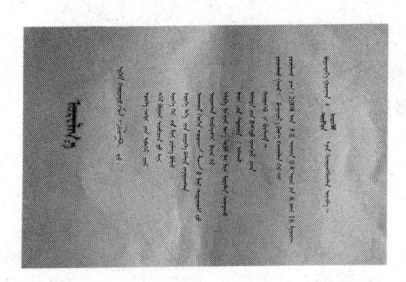

图 4-13 精心制作的婚礼请帖（村民朝鲁提供）

参加婚礼的亲戚朋友和客人都要送礼物。因亲属关系和互相来往的程度不同每个人的礼物不同，随着时代的变化，送的礼物大体上呈现从实物变成现金的趋势。据我们访谈了解，现在村民几乎都送现金，一般关系的送 50~100 元，关系好或亲属家的孩子就得给 200~500 元。20 世纪 80 年代流行的送毛毯、暖壶、绸缎等现象完全没有了。过去举行婚礼时，女方家提前一天开始，然后送到男方家再进行一天。男女双方家都在自己家里摆桌请客，请厨师，大操大办。需要前后一周左右才能办完婚事。这几年村里开了两家饭馆以后，村民举办婚礼都到饭馆，时间也简化成了一天。婚礼举办方自己出肉和酒，给饭馆交 300~500 元的使用费。同时从旗里请歌手来捧场，请主持人来活跃气氛，以及请摄像师来录制 DVD。给歌手、主持人和伴奏人 100~200 元的感谢费。举办结婚典礼没有几千元办不下来。如果举办方平时人际交往范围广，人缘关系好，平时经常参加各种庆祝活动，举办婚姻典礼时收入的彩礼就比较多。这两年，肉菜等物价上涨，办婚礼反而赔钱的现象开始出现。

四　寿礼

这里有用天干地支来数岁数的习惯。生肖年就是本命年，具体说就是 12 年的轮回。

很早以前就有做寿庆贺本命年的习惯。新中国成立前到 20 世纪 80 年代，儿女子孙给老人祝寿。很少给虚岁 49 岁的人举办寿礼。一般给 61 岁、73 岁的老人办寿礼。春节初一开始，三亲六故向老人赠送鞋、靴、衣服、布料、烟荷包、被套、毛毯等礼物，给老人磕头表示祝寿。儿女子孙为表达对客人的感谢之情，当场准备饭菜请客吃饭，或逢初四、初六佳日，准备酒宴热情款待来祝寿的所有客人。

近些年寿礼发生了变化，不管年纪大小都送祝寿礼物。13 岁的孩子，其父母和直系亲属给红裤腰带或压岁钱。25 虚岁的青年，亲生父母和好友给买新衣服等礼物。37 虚岁就开始办祝寿的酒席宴。49 岁以上的寿礼，就请全村的人，摆十几桌酒席来喝祝寿酒。寿礼的另一个变化是从 2005 年开始，在春节前的腊月就开始办寿礼。举办方宴请全村的村民。来祝寿的客人都要送钱。在村里当干部或经营小卖店的人家办寿礼时，来祝寿的人更多。有的人甚至给不是本命年的 80 岁、90 岁的高龄老人办寿礼。

五　葬礼

老人死后，儿孙等家属赶紧拿白布来盖住死者的面部，用被子盖好并令其整齐地躺在炕上，然后点佛灯烧香，给亲戚朋友传递噩耗。传递人不进屋，从窗口外通知。同时死者的家属找喇嘛或会占卜的人来确定出殡时间。看时间的人根据死者的年龄、生肖、死亡时间等定合适的出殡时间。没有特殊情况下，停尸时间不超过半天，最多也不能超过3天，所以上供品祭祀的人听到消息后得马上到。过去的祭祀品主要有罐头、糕点、酒等，现在都变成了现金。

村里有经验的长辈给死者换新衣服。把死者身体擦干净，做简单的美容，然后放进棺材，按照死者的遗嘱放好陪葬品。棺材分坐立式和卧躺式两种，完全由死者生前的遗嘱来决定。家庭经济条件不同，棺材的质量有所不同。

下葬前，派几个体格健壮的年轻人提前到墓地挖好墓坑。村民都有家族墓地，最多是五六代以上的墓地，说明这里出现墓地时间不长。理想的墓地为后靠高处或树木，前边有平原，和住民选房址的条件一样。

到了看好的时间时就出殡，十几个男子把棺材从窗口抬出来，在窗口边上钉上秸秆。如果是高寿者去世，父母就让孩子从棺材底下钻过，祝愿孩子像死者那样长寿。

葬时有土葬、火葬、野葬等种类。年老后自然死亡的都进行土葬。病死或不到50岁疾病死亡的大多情况进行火葬。婴儿和小孩死亡不埋葬而野葬。有的按死者的遗嘱把他们的骨灰撒到大海或送到五台山等地。辽宁省兴城温泉海域是距离本村最近的大海。

土葬时死者的长子首先动土，然后其他人铲土填埋棺材。随后人们在坟墓前焚烧带来的酒、茶、烟等祭祀品，献给死者。烧完之后，所有在场的人围着坟堆绕三圈，最后鞠躬离去。

下葬后的第三天，直系亲属再一次去墓地，在坟堆前把烧酒、点心等祭祀品献给死者。第49天时，亲戚再来一次墓地祭拜死者。此后都是在清明节上坟添土。

男人们从墓地回来后,家人杀猪杀羊大摆宴席。送葬的人进屋前必须洗完手和脸后才上酒桌。宴席上准备酒类,但不奏乐,不唱歌,不欢笑喧闹。如死者年长还特意做"阿木斯",即稀肉粥给大家吃,认为吃这种饭等于分享其福,可以活到他那样的高龄。死者亲属百天内忌娱乐,不许剃发刮胡子,不许办婚事。

近几年随着耕地面积的减少,政府提倡火葬。附近的科尔沁左翼后旗、开鲁县等,不管城市居民还是农村居民,都开始实行火葬。

这里的葬礼和生死观与传统佛教文化有密切的关系,与现代的科学生死观有很大的冲突。

第五节 时节

一 传统节庆

(一) 春节

春节是一年当中最盛大的传统节日。从腊月二十三就开始。腊月二十三俗称"小年"。普遍传说此日灶神回天宫禀报人间善恶。这天用糯米或黄米煮粥,黄昏时祭灶,用芦苇等烧开之后献上黏粥、奶豆腐、炒米,以糊住灶神的"嘴",使其上天不言下界的坏话。同时小规模燃放鞭炮。此仪式过后全家吃"阿木萨",即奶油加糖的黏米干饭。小年前后,家家户户清除庭院垃圾,打扫室内卫生,购置年货。

除夕是旧年的最后一天。早晨一大早起床后,拿出煮好的猪头和猪蹄肉,把"德吉",即最上等的肉先放在碟子里，供佛和祖宗灵魂。然后全家才享用早饭。分家立户的亲生儿子和儿媳，领着孩子，带着除夕的酒肉来拜见父母或最亲近的长辈，敬酒磕头。然后贴对联。中午到村旁烧香，祭佛祭祖灵。傍晚打开（点燃）所有屋的灯，因为除夕之夜也是妖魔鬼怪最多的夜晚，点燃灯防妖魔鬼怪进屋。夜里全家包饺子，准备第二天吃的和接待客人的食物。近些年流行观看中央电视台的春节联欢晚会和内蒙古电视台的春节晚会节目，夜晚通宵不眠，称"守岁"。全家老少或邻里之间打吉仁牌或扑克牌，很晚才睡觉。

初一一大早起床后，父母带着孩子走出家门，到空旷地给天神地仙以及祖宗先灵磕头，以表示子孙的敬意。然后孩子们燃放烟花爆竹。这些礼仪结束后，回到家里，先向老人请安，同时与老人们一一接手（老人先伸出双手之后，儿女们把两手同时伸出与老人以正反面两次触摸），老人给儿女念祝福词祝福新年幸福安康。儿媳等斟上酒，摆好奶豆腐、油炸果子等，喝红茶，再吃饺子。太阳刚出来时人们已经穿戴一新，结伙搭伴，挨家挨户拜年。"文革"时除旧习俗，连过年的这些习惯都被禁止和打击，从此这里人们的拜年时间改成出太阳前的黎明时刻就开始，见面时都说"过年好"。据老人们说，新中国成立初，拜年时不带礼物，给老人磕头，给父辈问候就可以。20世纪五六十年代普遍流行的习惯是带饺子、肉和少量的点心去看望亲戚。20世纪80年代，开始流行带罐头或瓶装酒等礼物拜年。现在变成送盒装的水果、点心等拜年。家里有老人，或者亲戚朋友多的人家，远近的亲戚朋友来回串门，有时候连续到正月末。拜年的任务多数交给儿女，让他们完成这些礼节。

过去正月初四开始,家有本命年老人的儿女准备宴席,宴请来拜访和看望老人的客人。初六到初十都有寿礼招待。这两年流行年前举行这些活动,因而整个春节期间比较肃静了。家里客人多和来看望的亲戚多,被看做是很荣耀的事情。

(二) 清明节

清明节是农历二十四节气之一。这一天,同一个家族的男人们都到祖坟上添土烧香,供酒肉。这里属于半农半牧地区,一年下来坟墓被牲畜践踏和被风吹得几乎变成平地,而且观念上村民认为坟墓添土越高越好。所以在清明节这天费很大的力气添高祖坟。近些年来,条件好的人家,专门买砖和水泥把坟墓包起来,并建立墓碑。这样不必每年添土,只要烧香供酒肉即可。从前这里的人们普遍相信,如果清明节一天不刮风,此后的60天肯定是没有风的好日子。可是这几年清明节的天气虽然不错,但春天沙尘暴的次数越来越多,越来越厉害。看来此说法很难信得过。

(三) 那达慕

那达慕,这里又叫"乃日",是游戏、娱乐的意思。传统的那达慕以赛马、摔跤、射箭等男儿三技为主。新中国成立后,人们结合牧业会议、劳模奖励、祭敖包、寿礼等举办那达慕,丰富和改变了其内容。

赛马主要分快马、走马、颠马等项目。快马比赛不备鞍,赛程2公里、5公里、10公里不等。骑手一般是10岁左右的小男孩。走马、颠马赛程相对较短,由经验丰富的大人备鞍比赛。进入前三名的奖励给牛、

第四章 社会生活

羊、毛毯、暖壶等奖品。举办方的档次不同奖励也不同。近些年，马的数量猛减，本村举办不了赛马，只有外村的人来比赛，或人们用长跑来代替赛马运动项目。有参赛兴趣或赛马爱好者到珠日河赛马场参加比赛。珠日河那达慕属于盟一级，村里一般的马取不上好名次，所以只好看别人的比赛了。

图4-14　2007年珠日河草原旅游区那达慕大会部分景观

摔跤是那达慕大会上不可缺少的项目。个人的寿礼、祭敖包，以及嘎查、苏木、旗到盟都有摔跤比赛。本村习惯上不怎么重视摔跤比赛，连苏木级别的比赛获奖者也没有。偶尔举行的村级比赛当中，也经常被外村人抢夺冠军。村里比赛时没有摔跤服装，光着膀子或穿运动服比赛，奖品与赛马相同。有兴趣者到每年举行一次的珠日河牧场"818"草原那达慕大会上观看比赛，或从内蒙古卫星电视频道的直播节目里观赏比赛和了解情况。很少有亲身参与比赛的。

由于条件限制，新中国成立以来从未进行过射箭比赛。生产队时有投掷手榴弹比赛或快枪打靶比赛等，以此来代替射箭比赛,后来又被扔木棍或男女长跑取代。

二 现代节日

新中国成立后,新增了许多纪念节日,主要有"五一"国际劳动节、"六一"儿童节、"七一"建党节、"十一"国庆节、"元旦"等。生产队时,村学校几乎每年都举行为庆祝"六一"儿童节而举办的田径运动会,村里有时间的家长也来观看比赛。通过运动会选拔参加上一级运动会的选手。生产大队趁农闲时候,偶尔举办以迎国庆、迎新年诗歌朗诵比赛、拔河比赛等。不过远不如传统节日那么隆重和普及。

近几年随着学校的撤并和村民的分散居住,这些节日没人组织了。只能从电视、收音机上看到或听到国家的新闻报道和庆祝活动。村民亲身参与表现自己文艺才干的机会大减。

第六节 社会交往

一 日常礼俗

这里有尊敬老人和长辈的传统习惯。遇见老人和长辈时,首先请安。现在六七十岁的老年人,在新中国成立初,给长辈请安时,行下蹲礼。请安时经常说的客套话是"赛因拜努?"(您好?)、"登拜努?"(身体好吗?)来家里的客人,不管是常来的客人还是偶尔来的稀客,到门前时不叫主人的名字,而是大声咳嗽给主人传递信息,不能擅自进屋。

进屋的客人一般坐炕的右侧,主人坐炕的左侧聊天。

抽烟的客人互相递烟，以此表示友谊。如果客人长时间待在家里，主人给沏红茶，拿出奶豆腐、饼干、油炸果子等招待。如果是贵客，或有重要事情办理的客人，必须准备饭菜，安排酒席。酱和咸菜是不能缺少的小菜。客人坐在炕的右侧，或炕的里头，主人坐在炕的左侧，女人和孩子不能跟客人一起进餐。客人用餐没结束，主人不得先退场。小孩子不能在客人面前淘气或玩耍，如果这样对主人来说是没面子的事情，客人走后必会体罚孩子。客人告辞，主人全家送出大门之外，并反复邀请日后再来。

随着保根他拉嘎查与科尔沁左翼中旗、开鲁等农业地区通婚的增加和互相来往加强，汉族风俗日渐风行。媳妇过门后对大伯子、大姑子须肃容相待，不得开玩笑，可以与妯娌、小叔、小姑嬉戏。女婿与大姨子、大舅子、大舅嫂不得开玩笑，与连襟、小姨子、小舅子之间可以嬉闹。长辈在场，晚辈间不得嬉笑。给刚过门的媳妇起别的名字。新郎新娘不得直呼其父母的名字或上一辈人的名字。如果遇到其名字时，必须替换成其他名称来称呼。孩子之间互相直呼对方父母名字等于谩骂。亲属之间的称呼除了爸妈、姑娘儿子等用蒙古语叫以外，其他称呼都用汉语来称呼。对于非亲属的长一辈，也用叔叔、姨娘等来称呼。比起汉语称呼，不标准和用错的例子也不少。比如把大叔叫成大爷。虽然同住一个村里，不同人家称呼父母的习惯也有不同。大多数人都把父亲叫阿巴或阿布，有些人则叫阿扎。

二 人际关系网络

这里的人与人之间主要以亲属等血缘关系、邻里等居住关系、村干部和百姓之间的政治关系以及同学等经历关系为纽带，有明显的时代特征。

父母对儿女从小到大都要尽抚养责任，提供学费和各种生活物品，准备结婚成家的物资等。完成这些责任才算得上好父母，被大家赞赏，得到人们的尊重。儿女长大成人后孝敬父母等长辈。每逢春节等重大节日，必须第一时间赶到看望父母。父母有病或本命年时，儿女全家和侄子外甥都来看望或帮忙。兄弟姐妹互相照顾和爱护。在结婚、生孩子、本命年、盖房子、孩子上大学等重要事情上，根据具体情况尽最大的努力互相帮忙。如果外地人或其他村民与自己的亲戚发生争执，不管他人是否有道理，很多时候兄弟姐妹还是站在自己一方的立场上，来维护自己的亲戚。兄弟姐妹之间有矛盾互相打骂是很不体面的事情，受到大多数人的谴责，成为大家议论的焦点。夫妻之间的家庭矛盾一般不找村委会或苏木派出所，而是自己内部协商解决。过去村里有权威的老人经常给村民做民事纠纷调解，现在变成双方协商解决，实在解决不了才到苏木派出所。近几年发生的几对离婚案都是家庭内部无法协调后才到派出所办理离婚手续的。

邻居之间的人际关系非常重要。这里经常说远亲不如近邻。近邻之间最容易发生的矛盾是土地纠纷和因牲畜草场的使用而造成的纠纷。新中国成立初期本村占有的土地面积比较宽广和充足，后来经过几次土地划分之后，村子的南边、东侧、北部等多处被邻近村的村民占领。由于集体经济时期，以上级政府命令的形式，以建立国营林场、牧场的名义划给了其他村，当时的村领导都同意，现在已经变成无法改变的现实。不过有些年龄稍大的人说起这些事情时，很不服气地埋怨当时的村干部无能。生产队时集体经营农业，在集体的大草场里放牧，所以村内很少发生内部的土地或草场纠纷。村民都集中居住在村子里，很多情况下邻居之间和睦相处，只有偶尔发生的家畜捣乱庭院的小事。1982年实行家庭联产承包责任制后，把集体的牲畜和土地一起承包给了村民，很多村民找相处不错的人成为一组，住到一个牧埠放牧。这时多数村民还住在村子里，生产经营规模不大，很少发生争执，过着祥和的日子。又过了两年后，重新划分草场，土地具体分到每家每户，从此开始，邻居之间的草场使用、土地界限的划分纠纷接连不断地出现，连兄弟姐妹家庭内部都发生激烈的矛盾。1997年实行第二次土地承包，加上上级有关部门的大力扶贫，现在很多家的承包地上都拉上了铁丝，建立了围栏，每家的草场都有了清清楚楚的界限，杜绝了富户家的牲畜吃贫困户家的草场的现象，邻里间的利益关系趋于缓和。200多个邻里牧埠之间经常进出，互相帮助，互相请客喝酒，打牌的现象多起来了。不过村子太大，邻居之间不和，打架吵闹的事情还是不时发生。

村干部是上级党组织和政府的代表，是直接执行任务的一级代表。生产队时大队书记、队长的权力较大，分配工作种类、计分发工钱、临时急需借钱用钱等都通过村干部，村民遇到困难，很多时候也找村干部解决。当一名大队书记或队长是很光荣的事情。村里德高望重的男子，通过层层考核之后才能当上。村干部的儿女具有当兵、当老师、当工人等优先条件。新中国成立初到改革开放初期的老村干部几乎都已去世，他们在村民当中的威望较高。

家庭联产承包时，几名主要干部利用职务之便自己多承包集体牲畜，借大队的钱不还，引起了大家的不满。承包初期在嘎查的提留、牲畜承包钱的使用问题上,干群关系一度较紧张。后来嘎查委员会在拉电、建立新保根他拉、扶贫等问题上有所作为,干部的威信稍有好转。调查时有些村民反映,第二次土地承包时个别村干部有给亲戚多分草场的现象。20世纪90年代后,村干部的社会威望进一步下降。多数村民认为谁当干部都一样,如果自己当村干部照样也为自己着想。这说明村民在工作和报酬关系问题上存在模糊认识。所以近几年选举村长时,很多村民不看村长的个人业绩、人格、知识能力等因素,而是考虑这个人当村长后能够给自己带来多大利益?是否是其亲戚?想要当村干部的人也拉拢关系找人给自己投票。有的人甚至公开请客喝酒。为了当村长不顾社会议论和名声。

这几年国家不收农业税、不允许收提留,很多村务公开之后,村领导的舞弊现象大大减少。富户根本不找嘎查,中等户找也没用,只有贫困户找嘎查。因为贫困户的补助、最低保障金等通过嘎查办理,村干部和老百姓之间的社会关系趋于简单化,逐渐疏远。

这几年,本村新时兴的人际交往中同学关系变得比较热了。大学同学聚会不用说,从小学到高中在一起的同学人数多,经常举办同学会。他们给原班主任和任课老师买纪念品,一块到市里住旅店,喝酒并观光旅游。少则花几百元,多则千元。以此来加深同学感情。此后遇到举办儿女过满月、孩子上大学、儿女结婚典礼、父母寿礼等庆典活动时邀请同学是必不可少的。

第五章　文教卫生

第一节　宗教信仰

一　宗教

清朝时期，本村属于哲里木盟达尔汗旗（现在的科尔沁左翼中旗），位于该旗北部的沙地，通称"阿如芒哈"，即北部的有沙陀地的意思。和其他大部分蒙古地方一样，清朝中期本地区传入佛教的一支，即藏传佛教格鲁派。一直到新中国成立初期，佛教都是本地区的主要宗教。由于清政府的鼓励，在本村境内先后建立了寺庙，广招喇嘛，举办佛教的各种祭祀、庙会、念经等活动，佛教的教条、规范、习惯等，深深地影响了本村的农牧民。

清中叶，本村曾建立过两所寺庙。一是拉白庙。据"哲里木寺院"记载，清中叶在毛勒河畔建立该庙。从建庙到新中国成立初期撤庙，前后有七世大喇嘛主持庙里的事务，平时就有七八十名喇嘛念经。新中国成立前，该庙曾经多次遭到土匪的抢掠，破损严重，经土地改革和"文革"，现在连遗址都没有了。2007 年笔者调查 89 岁高龄的萨噶苏克喇嘛时得知，新中国成立初期撤庙时健在的喇嘛仅有两位，都超过了 80 岁高龄。1947 年他还俗时，喇嘛还有 46 名。

另一所寺庙是毛道都花庙。村民又称毛图高庙。因没有确切的文字材料，无法知道该庙建立的确切时间。该庙规模和影响比拉白庙大。据"哲里木寺院"记载，寺院主殿是十丈高的藏式四方建筑，还有十几间庙仓和僧房。新中国成立后，庙墙被拆除，拆下的砖拉到 45 里处的鲁杰村，建了十几间中学房舍。后来根据庙附近能够烧青砖的记载，从外地邀请几位烧砖能手来试验，都未成功。该庙鼎盛时期有过 200 多名喇嘛，活佛转世十五代。据萨噶苏克喇嘛回忆，内蒙古自治区成立前撤庙时，该庙已经被掠夺得没有多少财产了。连庙里最后的活佛都逃到民间过起了平民生活，1947 年还俗的喇嘛有 70 多名。该庙仅存的却吉扎木苏喇嘛在扎鲁特旗尚存的板森庙当喇嘛。

村民中传说，当年的寺庙被洮南府军队抢掠，寺庙的大喇嘛把库存的金马鞍和金银财宝等主要财产埋藏在很深的井中逃过劫难，可以想见当初寺庙的规模和财富程度。有兴趣的村民搬到原寺庙附近，试探几遍，都没能发现什么蛛丝马迹。寺庙遗址现在已经完全消失，只有门前的老榆树毅然挺立。这几年连续干旱，有些信奉宗教的村民在该庙的原位置周围祭敖包、求雨水、举办那达慕大会等活动。

新中国成立后，经多次政治运动、社会改造、宣传清除宗教迷信等活动，佛教等宗教仪式和信奉活动几乎消失。佛像、佛经、念经用的工具被禁止，年轻的喇嘛们还俗后接受新型教育，结婚生孩子。改革开放后采取宗教信

第五章 文教卫生

仰自由政策,这几年村民中信佛、拜佛的现象有抬头趋势。

图 5-1 村民家里摆设供奉的班禅、佛像、成吉思汗像

在和村民聊天的过程中,深切体会到村民无论是在科学信仰,还是宗教信仰方面,均处在无所适从的信仰危机当中。

萨满教是蒙古族等北方少数民族的古老宗教——这里称"博"的宗教。有"博"的男子崇信"翁高德",女萨满为"伊都干",这里也有它的踪迹。大家都知道村民宝勒朝鲁有"博",他的"翁高德"来了之后满口念咒语,手舞足蹈。据其他村民说,他在这样的状态下能够治病。尤其对医院治不了的精神病之类有奇特的疗效。不过他从不收钱,看病的村民自愿送点奶食品即可。可惜这位老人前几年已经去世,一辈子没有结婚成家,没有后代。据村民说,现在叫特某的村民学会了这个"本领",在外地看病。

20 世纪 90 年代末,本村传入了基督教。有十几户村民开始信仰基督。他们在墙上挂十字架,定期聚会并宣传教条,提倡互相爱护和帮助。据了解,这支宗教从科尔沁右翼中旗传入本村。信奉的人大多经济条件比较差且身体有病。信教的人大概是为了祛病保平安。不过有些村民以祷告代替了劳动，几年后生活水准急剧下降。信教者的反复教化活动引起不愿意参加和反对者的反感。曾被政府禁止，其活动范围有所缩小。

图 5-2 信基督教者和十字架

二 民间信仰

村民很早以来就有崇拜上天、山河诸神的信仰。老人们常说老天爷有万眼，发现干坏事会惩罚，有苦难会来帮助。上天有无限的力量，能够让一个地区风调雨顺，五谷丰收，牲畜兴旺。如果家里发生违法或早逝的事情，人们就认为是老天在进行惩罚。所以为了避灾求吉，需要做出保证，或做许诺时，都面向老天爷发誓，意思是如果违约，就甘愿受上天的惩罚。每年的农历正月初一一大早，很多村民都出来祭祀上天。一般在秋季的 8 月，杀猪或宰杀羊群里最大最肥的羊，把猪头或羊头带到村前的长栖毛都（"长栖毛都"是一棵大树的名字）下，进行祭祀，然后把剩下的肉分给大家，最理想的情况是吃好吃完。祭祀必须连续三年。祭祀时不能口头说出来，必须悄悄地表示虔诚的心意。

年纪大的村民认为所有地上的树木、河水、丘陵、湖泊等都有它的主、神仙或鬼。平时不能得罪它们。如果得罪了它们会受到惩罚。原寺庙前的大榆树，旧村前的长栖毛都，以及各个敖包，都有神仙，不能轻易砍伐或玷污它。村民常传说某某因为砍掉这棵树的树枝后就死掉了，等等。所以每逢节日，第一时间拿上等的酒肉等食物献给它们。祭敖包就意味着，求这座最高峰的神仙，让他同意下雨，使村民五谷丰收，五畜繁衍生息。此外，很多村民还有祭祀祖先神灵的信仰，认为人虽然死了，但是神灵不灭，祖先的神灵时刻会关注他，会为他做好事，无形中帮助他。因此要时刻记住祖先的神灵在注视着他们。

随着科学技术的发展和科学知识的进一步普及，多数村民还是相信科学，尊重知识的。这几年连续干旱，老一代村民采取祭天、祭敖包、祭大树、祭湖泊等措施，可是都不灵，村民很是失望。虽然如此，这些民间信仰仪式还在延续着。

三　禁忌

有关宗教信仰的禁忌很多。拜佛时必须洗手后，站立或正坐，必须鞠躬，不能躺着祈祷，更不能随随便便进出。收音机里第一次播送"封神榜"评书故事时，很多老年人烧香，站着听，不允许孩子们在这时候开玩笑，胡说八道，甚至不能边吃饭边听。不能向湖水里倒垃圾或灰尘，更不能大便小便。燃着的火不能浇水熄灭，得等烧完或用什么物品压灭。年老的村民解释：如果不这样做就会惹神仙生气，会遭遇不吉祥的事情。如果砍伐大家每年祭祀的树，即使违例砍掉一根树枝也会得病。吃饭时如果打哈欠，智慧和知识会从腋下跑掉。大风天气如果倒垃圾或灰尘，会污染老天，遭到老天的惩罚，给子孙后代带来祸害。经过祖坟旁边时如果不下马、下车磕头，会惹祖先的神灵生气，是对祖先不尊重。这些禁忌虽然没有什么科学，但对人的某些行为起到了规范作用，有些甚至有震慑作用。

第二节　民间艺术

扎鲁特旗具有中国版画之乡和蒙古族说书故乡的美称。出生本村的却吉（笔名莫日根），1955 年从通辽二中毕业后，担任美术教师、美术编辑等职务，他所创作的版画在 20 世纪 70 年代发表于国内外重要刊物上，并获得奖励，一度被称为蒙古族青年美术家。

现在本村村民达布拉白乙拉，因为拉四胡、说唱出名，被扎鲁特旗的乌兰牧骑选中，并安排了工作。七斤半、金刚、关英等村民，拉马头琴、四胡，吹笛子等乐器，在结婚典礼等集会上说书、唱歌，给大家带来不少欢乐。70 岁的代小大妈，以制作传统蒙古靴出名。

这些人完全出于个人爱好，没有人组织演出，没有跟着师傅学艺，是自然产生和发展的民间艺术。

第三节　学校教育

一　学校简介

保根他拉嘎查清中叶开始有寺庙教育，民国后期出现私塾，伪满时期建立过吉仁花努图克国民小学。现代意义上的小学是1947年内蒙古自治区成立后事情。1958年扎鲁特旗人民政府提出，就地办学、村村有学校的号召。生产队响应号召投资建教室，建立了保根他拉小学。1963年改为生产大队的初级小学。刚建校时，物资条件和师资条件十分短缺，校舍为六间土房，没有桌凳，搭土台架木板当桌椅。没有纸和笔，拿木炭写在木板上，或在沙子上写字，来教课学习。第一任老师是退役军人，只教蒙古语的字母和简单的单词，以及加减乘除等简单的数学。50多名学生分几个教室，两个不同年级不同班的学生合在一起上课。不管是什么课，老师都从头到尾不停地讲课传授。农忙季节，学校经常停课帮助生产队从事各种生产劳动。校舍的修缮、柴火、教具等都由老师们自己解决。后来本村青年根敦从通辽师范学校毕业后回村从事教育工作，从此教学质量有所提高。不过整个六七十年代，政治气氛浓厚，在学校教育为基层生产服务的方针指导下，村民当中没有出现高层次的文化人。当时的几名老师还是小学毕业水平。不过学生人数很多，最多时一个班级25人，全校有过100名左右学生。增建了土房教室，从一年级到七年级都能单独上课。1978～1981年，曾经设置过初中班。教学内容主要是语文、数学、音乐、体育等国家规定的课程。小学三年级开始学汉语。由于教汉语文的老师水平不高，汉语考试成绩普遍很低。

1981年学校随着村落搬迁到旧保根他拉西北侧。盖了十几间砖房，学校桌凳、黑板、办公室等硬件条件大有改善。同时又分配来了初中师范毕业的两名青年教师。公办教师的工资由旗财政拨发，民办教师的工资由村里支付。从保根他拉嘎查分离出去的孟格图嘎查和原来的额尔敦淖尔嘎查都建立了完全小学。这两个学校的学生不到30名，有两三名老师教授所有课程。20世纪80年代末,学生数目逐渐减少,个别家庭条件比较好的家长把孩子送到鲁北等教学条件比较好的学校念书。同时期出现了拖欠教师工资的现象,有几个民办教师停教,转而从事农业或牧业。

1998年大洪水之后,学校搬到现在的新保根他拉。受灾后,国家拿出很大的人力和财力,扶持建立了二十几间大教室,以及厕所、院子等设施。给灾后的村民和教师很大的安慰。同时合并了旧保根他拉、孟格图、额尔敦淖尔三个自然屯的教师和学生。但是小学生的数目越来越少。第二次土地承包后,很多村民纷纷回到旧牧地建牧埠居住,不在新保根他拉居住,导致送孩子上学非常不方便。这几年村民生活条件有所提高,家庭孩子少,注重学校条件的村民把孩子送往鲁北、通辽等城市上学。有的村民甚至为了孩子上学,长期租房住在城市里。只有家庭条件差的几个村民家的孩子依然在本村小学上学,出现了老师多于学生的现象。因此,2006年撤销了保根他拉小学,教师和学生全部合并到原巴彦芒哈苏木中心小学。

学校集中后,本村这样的基层学校的老师出现了下岗的问题。

图5-3 无人看守的校舍(2007年8月)

二 学校老师

从保根他拉小学建立到撤并的 40 多年期间，老师共有 35 位，男女性别比例为 24∶11。从学历情况看，文盲 1 人（"文革"期间，把杜日图老人推荐为学校校长，但没能上课，讲了几个故事很快就下岗了），小学毕业 9 人，初中毕业 6 人，高中毕业 11 人，中专毕业 8 人。其中从初中师范毕业后当老师的 5 人。多数老师工作时间都很长，有工作三四十年的教师，也有任教一年半就不干的。多数为本村土生土长的村民，从外地来工作的仅有 5 名。很多人刚开始的时候是民办教师，后来才转正成为公办教师。据统计，一开始当民办教师的有 26 名，有 9 名是中专学校毕业后正式分来的公办教师。从民办教师转正成为正式的公办教师的有 17 名。各种原因中止当老师的有 7 名。已经去世的有 7 名。接班当老师的有 4 名。夫妻俩都当老师的有 8 名。

计划经济时代，公办教师的工资由旗财政按月发放，民办教师的报酬由生产队或嘎查按年度付钱或计算工分。教师收入处于中等水平，社会声誉较好，在村民中属于比较有知识的人，受到村民的尊重。20 世纪 80 年代末期，不管是公办教师还是民办教师，屡次遭遇拖欠工资和代扣报酬，相比之下，教师的收入远远不如普通农牧民的收入，教师职业受到冷落。老师们教学以外都经营农牧业，忙于家内家外的事务，忽视本职的教学工作。现在剩下的十几名退休的和在职的教师的工资，由旗财政统一管理，统一拨款，经过银行每月按时发到每个教师的手里。由于职称、学历、学位以及工龄不同，每个人的工资也不一样。调查时，教师每人每月大约能领取 1000 元到 2000 元。与不断遭受干旱等自然灾害没有固定收入的农牧民比，收入比较稳定。不过在岗教师必须参加旗或苏木举办的各种继续教育班和培训班，交一定的学费，考试合格后发教师资格证书后才能从事教育工作。

三　学生

村办小学存在了40多年，尚未找到有关学生的详细统计数据。据在本村学校任教多年的老师回忆，在村办学校念过书或小学毕业的本村的孩子大概有1000人。小学没有毕业，小学毕业就辍学的详细情况很难统计。本村小学毕业后继续读初中乃至高中，考上中专以上学校的人数情况如下：获得专科学历的有51名，获得本科学历的有24名，在校攻读研究生和研究生毕业的有4名，在职攻读博士研究生的有3名，共计82名；回本村工作的只有7名。在扎鲁特旗范围内，与其同等规模的基层小学比，升学率较高。

从升学的年代或学历上看，20世纪60年代有4名，全是初中、中专毕业，他们现在已经退休。20世纪70年代也是4名，都是从初中师范学校毕业。20世纪80年代有19名，本科毕业的较多。20世纪90年代有27名，本科专科都有。2000~2007年有28名，开始有研究生和博士研究生，专科生人数也不少。

村办学校的老师和学生都是蒙古族，用蒙古语授课。相比之下，蒙古语文、数学等主课的成绩较好，汉语文、理科等成绩差。其结果，考取大中专的学生，绝大多数是文科类或师范类学校。

从20世纪60年代一直到20世纪80年代中期，村办学校的学生小学毕业后，到苏木政府所在地鲁杰的中学读初中。初中毕业后，少数几个人能考上哲里木盟蒙古族中学，其余的去扎鲁特旗鲁北蒙古族中学读高中，成绩差一些的在道老杜中学和黄花山中学读高中。

那时候学费不高，学生的住宿、饮食费用较低。后来慢慢涨了。据 20 世纪 80 年代的读书人回忆，一般情况下初中生 1 人 1 年的全部费用约 200 元，高中生 1 人 1 年的费用在 500 元左右，大学生 1 人 1 年约 2000 元。

20 世纪 80 年代末 90 年代初开始，保根他拉嘎查有条件的家长，从学前班和小学开始，就把孩子送到鲁杰、鲁北或通辽学习，在学校所在地租房子居住，同时照看其他人家的孩子并收取一定数量的看护费用。2007 年很多初中生在鲁北和通辽的中学念书，极少数经济条件差的家庭的孩子才到鲁杰念书。高中生一般在鲁北、保康、通辽念书，有的甚至到呼和浩特蒙古族中学念书。

访谈中了解到，现在的教育开支大致如下：以 1 年为限，小学生包括住宿、饭钱、路费等各种费用，在鲁北、通辽需 1000 元左右，在鲁杰少一些。初中生在鲁杰需要 2500 元左右，在鲁北需要 4000 元左右，在通辽需要 3000 元左右。高中生在鲁北和通辽的费用差不多，都是 4000 元左右。中专生需要 8000 元左右。大学本科生至少需要 1 万元。

这几年村里出现的新现象是家长自己不懂汉语，而把孩子送到汉语授课的学校念书。在汉语学校学习的小学生有 6 名。他们认为孩子受汉语教育后，将来进城做买卖、到医院看病时，不会吃不懂汉语的亏。他们根本不顾及孩子上大学的竞争压力和学习上的困难。对此多数村民表示不赞成。

2006年村小学撤并的原因主要有5点：

第一，生产生活方式的变革。计划经济时代，全村集中居住在旧保根他拉村，生产大队统一管理全村村民生活。村民之间的生活程度相差不大，适龄儿童都有上学读书的机会。1982年实行家庭联产承包责任制，此后村民开始出现贫富差距。20世纪80年代中期开始，少数先富裕的村民，有的从小学开始，有的从中学开始，把孩子送到扎鲁特旗政府所在地的学校读书。随着家庭联产承包责任制改革的进一步深入，尤其是2001年实行第二次土地承包之后，大多数村民都在自己承包的土地上盖房子居住，加上三个自然村合并后，新保根他拉村的地理位置偏西，送孩子到村小学上学出现了困难。

第二，与计划生育政策有关。从1983年开始，保根他拉嘎查实施计划生育政策，一对夫妇不能多生孩子。很多新婚夫妇都只要一个或两个孩子。孩子少了，经济生活条件提高了，多数年轻夫妇对孩子教育的投入也提高了。有的干脆从幼儿园开始，把孩子送到扎鲁特旗蒙古族幼儿园。村中的孩子总数减少了，又有人送孩子到外地学校读书，导致村小学的生源进一步减少。

第三，村小学的教学水平以及学校的管理没有跟上当地经济社会的发展需要。村小学的多数老师是村民办教师，或者接班当老师。村民认为他们从事教育应有的知识和教学能力不够高。村里曾经经常拖欠教师工资，也严重地影响了村小学教师的积极性。村民的孩子到苏木中心小学学习后，发现本村孩子的学习成绩远远不如其他村孩子的学习成绩，导致村民对村小学的认可度进一步下降。

第四，与交通条件改善也有很大的关系。20世纪80年代中期，本村通铁路之后，从本村到扎鲁特旗所在地鲁北镇和哲里木盟所在地通辽市，用不了三个小时。摩托、三轮车在村中普及后，接送站更加方便。

第五，20世纪80年代中期，扎鲁特旗和哲里木盟所在地，都建立了蒙古族幼儿园和小学，20世纪90年代末期开始扩大规模，招收广大农村牧区的孩子，为村民把孩子直接送到条件比较好的学校创造了条件。

村小学的撤销对本村的各个方面有直接和间接的影响，有长期和短期的影响，综合起来看有以下几点：

第一，从经济角度看，学校撤并浪费了资源，对现在的村民、老师、学生的工作、学习和生活带来极大不便。10年前建立的20多间砖瓦房校舍和设备，总价值几十万元的财产被弃置。早知道有这个结果，当时就应该少建几间校舍以节省资源。据笔者调查，2007年全村少年儿童共有78名。这些学龄儿童在本村上不了学，只有到本苏木中心学校或者到其他苏木乡学校去读书。因此家庭条件不好的，干脆不念书了。孩子太小送到外地读书，没有几周就回来看望父母，或父母去看孩子，增加了村民交通费等各种费用的支出。几名老师都骑着摩托来回20公里上班，在外地住校，吃饭方面的花销增加了几倍。

第二，学校的撤并使保根他拉嘎查丧失了文化教育的场所，使全村失去了接受文化教育的一个渠道。过去很长时间，虽然学校规模小，但是学校的十几名老师除了担任文化教育工作外，还组织学生运动会、文艺表演会、讲座等活动，引起村民的注意，并偶尔参加活动，在全村精神生活方面起着不可忽视的作用；另外，几名老师的订阅报纸杂志等行为，也间接影响其他村民的文化生活。现在学校撤走后，大多数村民聚集的地方变成了小卖店或饭店，多数村民碰到一起就是喝酒抽烟，只能通过看电视或听收音机了解外面的世界。

第三，村民的孩子缺少家庭教育。很多孩子从小离家，父母和儿女之间的沟通机会少了。20世纪90年代，第一批被村民送到鲁北镇和通辽市幼儿园学习的孩子，现在已经到了上大学的年纪。有几名孩子没有考上大学，连高中都没毕业，回村后不参加劳动，也不经商，隔三差五还要进城玩游戏，学会了城里的消费方式。这些不良习惯的形成和在城市学习的环境有关，更重要的是他们缺乏家庭教育。多数家长只讲究学校的条件，只知道给孩子提供生活费，却不关注与儿女之间的沟通。

第四，从更长远的角度看，学校的撤离对该地区民族文化和社会的进步没有积极的影响。眼前家长虽然有更多的选择学校的权利，按市场规律办事，但从民族文化的长远发展角度看，不利之处很多。小学在本村存在的40多年的时间里，尽管对经济建设所起的作用微不足道，但对于传授科学知识，对于愚昧落后的村民的智力开发，总体上看贡献并不小。这几年随着学校教育的削弱和撤离，本村文化程度低的中青年人数增加，曾经势弱的佛教重新抬头，基督教也传入本村。据调查，本村有十几户村民，半公开信仰基督教。他们都是没受过完整学校教育的穷困之家的村民。到城里上学的孩子们处境也不理想。城里班级人数过多，师资力量不够，没有住宿条件等，使家长的美好愿望大打折扣。有的家长，在没有办法的情况下，只好把孩子送到汉语授课学校读书，从根子上削弱了民族文化教育。

四　村民的文化教育

村民的文化程度不高，受过高中教育的人很少，一部分人是初中毕业，大多数人只受过小学教育。许多人缺乏现代科学知识，不认识汉字，汉语表达有困难。多数人对知识的期望值高，羡慕和崇拜城市生活或政府工作人员。所以他们不惜一切代价把孩子送到沙陀之外的理想世界，让孩子们学习知识，争取找到一份好工作，具备个人独立生活的能力，这是大家的共同心愿，也是几代教育工作者的迫切希望。很多家长都表示，只要孩子愿意学习，就供他们，只怕孩子不学。

2005年开始，政府减免义务教育阶段的学杂费，但是非义务教育阶段的费用和支出也不少。加上自然灾害频繁发生，粗放型农牧业收入远远不能满足这些支出。孩子上学的费用越来越成为农牧民的严重负担。多数村民出售了牛、山羊、羊绒后，才有钱支付孩子的学费。如果不能提前出售牲畜，就得借3分利的高利贷做孩子上学的学费。有些人家的孩子上学大手大脚，也是导致这些家庭负担加重的原因。村民达林台、沙格扎、巴彦嘎日迪等人，近几年供孩子上学，家庭支出急剧增加，导致家庭生活降到了中下等水平。现在他们更担心的是孩子毕业后找工作的问题。

20世纪七八十年代毕业于中专、专科以上学校的学生，都能找到工作，甚至留在了大城市里上班，成为国家干部。20世纪90年代末，高校扩招后，毕业生的就业形势越来越严峻。现在村里大学毕业后仍没能找到工作的共有11人，其中4人是本科毕业，7人是专科毕业。

多数村民认为，他们找不到工作的原因：一是学校或专业不好；二是没有有背景的亲戚；三是没有足够的钱来买通路子。所以多数村民主张，学不好就赶紧停学。学不好还继续上学，导致家庭负担越来越重，而且毕业后不习惯农村生活，不会干农活。考不上理想的大学就没有必要念了。在多数专科学校，孩子不仅没有学到本领，反而养成了吸烟喝酒等坏习惯，毕业之后连工作也找不到。毕业后没有工作赋闲在家的学生，有的人家筹钱托人给孩子找工作；有的打算继续读书，尝试考上高一层次的学校，提高自己的学历学位；有的打算参加选拔考试或公务员考试；有的进城里打工。

第四节 医疗卫生

一 医疗点

清朝和民国时期，村民主要到寺院找喇嘛医生或私人医生看病。新中国成立后建立了医院、诊所、医疗站等医疗机构，医疗条件大为改善。

现在村民看病首先到村医务室。村医务室是在原生产队诊所基础上，于 2000 年挂牌建立的。租用个人住房，有医生办公室、病房、处置室、药房等，只有 1 个大夫。

苏木级医院于 1952 年建立，当时在吉仁花，叫六区联合诊疗所，距本村 30 多公里。1958 年该诊疗所分成三家，巴彦芒哈公社医院建立。1985 年改称为巴彦芒哈苏木卫生所，距本村 15 公里，有工作人员 11 人，建筑面积 300 平方米，设有蒙医科、内科、妇幼保健科、防保科。2006 年，巴彦芒哈苏木卫生所合并到道老杜卫生所。道老杜卫生所距本村 25 多公里，有透视室、X 光检查室，能做阑尾炎手术。

村民很少去苏木医院。他们医疗技术不高，态度一般，交通也不便利。苏木医院主要管理和执行医疗保险、防疫、接种疫苗等任务。偶尔下乡到村里看病时，才有人找他们看病。扎鲁特旗政府鲁北镇有扎鲁特旗人民医院、蒙医医院等大医院和各种私人诊所。这里的医疗设备和条件比苏木医院好一点，但治疗急病、重病、疑难杂症等方面不如通辽市医院。加上从本村到通辽有直达的火车，比起到鲁北更快更便宜，所以村民很少来鲁北看病。

通辽市有通辽市医院、内蒙古民族大学附属医院等综合性医院和各种治专门疾病的小医院及诊所。村民找村里医生治不了的病，几乎都来通辽市治疗。有些患者甚至通过通辽的医生和熟人到长春、沈阳以及北京等大医院看病。

二　医生

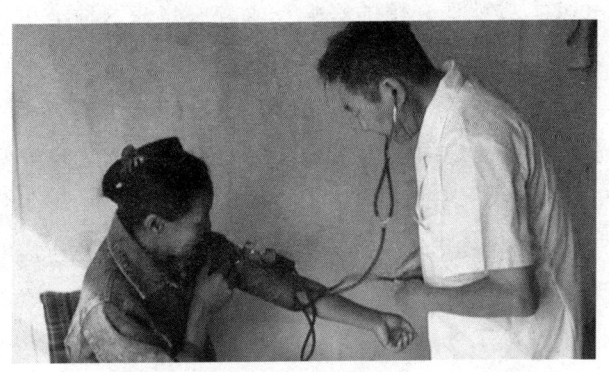

图 5-4　在本村长年救死扶伤的包明大夫正在工作

本村从事医疗工作的人员有四个。

包明大夫是资格老、医疗技术高和从医时间长的大夫。他从小跟着当喇嘛的叔叔学习蒙医和藏医，公社医院建立时被选中，但 1964 年自愿回到本村到现在。他擅长针灸、冷敷热敷、用草药冲洗、扎针、放血等传统医疗技术，又学会了输液、西医治疗等现代技术，对各种疾病有较准确的诊断，尤其擅长治疗婴幼儿常见病。他长年在村里从医，对全村村民的各种遗传病、常见病等都有比较全面的了解。他的家庭经济负担重，很多时候贫穷的村民又不能及时给医疗费，所以进不了药，也没有钱到外地学新技术和知识，很多时候包大夫给村民诊断出疾病，因为开不出药，村民只好再到大地方去买药或治疗。

那音台医生高中毕业后到旗医院进修，取得从医资格证后，来苏木医院当医务工作人员。后来当医生，来村里给村民看病。在村民中的威信不高。退休后，现在专门经营农牧业，不再从事医务工作了。

20 世纪 90 年代，从科尔沁左翼中旗舍伯吐医院退休的王大夫来本村就医，她的医疗技术较好，药的种类也比较多，对各种常见病有一定的诊断和治疗。因为药价高，开刀手术、各种重病的治疗条件不如大地方，逐渐被冷落。

这几年新出现的医生叫梅荣。她高中毕业后在通辽的医疗专科学校学习，毕业后没有分配工作，嫁给了本村青年后，来到村里。她重新学习和实习后，申请开药店和简易医疗资格，得到批准。她现在和各个连锁大药店联系购进中西药，除了卖药外，还给村民做输液、扎针等简单的医疗服务。

多数村民有到外地请医生看病的经历。他们的总体印象是，苏木医院没有几个技术高的大夫，缺药、条件又差。

第五章 文教卫生

扎鲁特旗里的医生，汉族大夫的技术较好，但语言不通是最大障碍。通辽市里的大夫，出名的蒙医和中医医疗水平都比较不错。

这几年开始流行利用广播电台和电视做广告看病卖药的新现象。比如新出名的包大夫、白大夫等医生，他们引进藏药或减肥药、降血茶等，通过电话诊病，并做广告，以买几包送几包的形式鼓励村民买药。一些村民听了广告后，专门去通辽买药，试验后反映短期效果不错，但不知道长期疗效和副作用怎么样。

三 常见病例

采访包明大夫获悉，保根他拉常见病有：高血压、心脏病、风湿病、腰椎间盘突出症以及低血压等病。甲亢是常见的地方性病。妇科病中常见的有经期失调、白带增多等病。儿科常见的病有痢疾、发烧感冒、结核病等。死亡率最高的疾病是脑出血、脑血栓和癌症等，患者死亡年龄一般为 50~60 岁。

包明医生认为，村民中患这些疾病的原因主要有 4 种。

第一，气候变化。这几年连续干旱，不仅影响农牧业收入和蔬菜、水果等的产量，还造成沙尘暴、高温等恶劣天气，从而增加了多数人的心理压力和恐慌心情。

第二，食物的营养价值下降。大多数村民现在虽然都吃上了大米白面等细粮，水果、蔬菜也不缺，但村民的辨别能力差以及购买力有限，很难保证和辨别这些食品的有效期与质量，买便宜货或过期的食品导致生活质量降低。

第三，超大工作量。这里是半农半牧区，不仅全年跟着牛羊放牧，夏天和秋季也要种地、铲地、收割。一年四季几乎没有休息的时间。这几年，扎鲁特旗全面禁牧后，买草买秸秆供牲畜饲料和清理牲畜栏，工作量极大。一般情况下，超过 45 岁的人就干不了这些重活了，需要雇用其他劳动力来帮忙。

第四，自己不会调节生活。多数男性村民饮酒，而且有过量的现象。据我们调查，饮酒、抽烟在家庭支出中占比较大的比重。每次举办婚礼、葬礼、入学典礼时大量购买劣等白酒和啤酒以及香烟。菜以肉为主，蔬菜、水果少，盐的用量比较多。多数人购买猪肉时，为了节省植物油，多选食肥肉。

村民的自我卫生保健意识比较淡薄，没有预防的观念。给孩子打疫苗时，苏木的医生得专门找上门来打。有些人家庭经济条件有限，难以支付较高金额的医疗费。有的则出于习惯，偏好民间治疗方法，只有在发病以后，才注意到自身的健康状况。

平常情况下，普通感冒到村医务室吃药大概需要 30~50 元，重感冒或小病最高花 400 元，没有现钱就赊账，据包大夫讲，有人甚至拖欠四五千元的医疗费。重大疾病和开刀手术得到大医院，医疗费更高，几千元到几万元不等。对村民来说，医疗费也是比较重的负担。

2006 年 3 月开始，这里实行新型合作医疗制度，每人每年自己拿出 10 元钱，盟、旗再补助，得重病或慢性病，医院开证明就报销一定的费用。绝大多数村民拥护政府的这项政策，至今已有 80% 的农牧民参加了医疗保险，虽然没得大病、重病，只要有吃药的人，一年就补给 9 元。但是以后得重病后怎么报销，多数人还抱着怀疑的态度。

四 村民的死亡情况

从 1978 年到 2007 年将近 30 年间，村民死亡人数不包括婴幼儿有 226 名。没有详细系统的记载，很难统计婴幼儿的死亡情况，对大人或特殊原因死亡的人，村民记得很清楚，因此这方面的统计比较可靠。早期没实行计划生育之前难产死亡率和婴幼儿死亡率较高，20 世纪 80 年代初开始执行计划生育政策，医疗条件逐渐改善后幼儿死亡率大大下降。

按照死亡年龄统计，4~20 岁死亡的有 4 名，由于车祸、吃错药等原因死亡。20~40 岁死亡的有 17 名，妇女难产死亡居首位，其余是自杀、他杀、饮酒过多而死，也有因病死亡的。40~50 岁死亡的有 18 名，主要因心脏病突发和车祸死亡。50~60 岁死亡的有 69 名，食道癌、胰腺癌等病死的人占绝大多数。60~70 岁死亡有 55 名，得各种病去世。70 岁以上死亡的有 63 名，大多属自然死亡。长寿者最高年龄为 93 岁。活到 90 岁以上年龄的有 6 名，属于长寿老人。

按照年代统计，20 世纪 80 年代死亡 88 人，多属于老龄人和难产。20 世纪 90 年代死亡 59 人，以因癌症、脑血栓、脑出血病致死为多数。2000 年后有 79 名，仍然以癌症、脑出血病致为最多。

从总体上看，本村村民以心脑血管病、癌症等病死亡的人最多，50 岁以上 70 岁以下死亡的概率最高。

后　记

　　接到此项调查任务时，我感觉很有意义。保根他拉嘎查是我的故乡，是我生长的地方，给我以深刻的影响。虽然大学毕业后留在外地工作，离开家乡20多年了，但是放假的时候，多次回家看望父母和兄弟姐妹以及亲戚朋友，一直和家乡保持着联系，通过他们一直关注着故乡的变化。尤其是看到村庄自然环境日益恶化时，我感到非常伤心和担忧。

　　中国社会科学院中国边疆史地研究中心的"当代中国边疆·民族地区典型百村调查"课题，为我比较全面系统地了解故乡提供了契机。接受任务后，我回到家乡，查阅了大量的档案资料，根据预先设计好的问卷进行了问卷调查，针对不同的村民进行了深度访谈。通过查阅档案资料、观察和体验、入户调查和采访等多种方法，收集到了关于保根他拉嘎查的第一手资料。在实际调查中发现，在几十年的时间里，保根他拉嘎查行政区划变化多，干部换届频繁，不注意记载和保存资料。尤其是1998年的大洪水，保根他拉嘎查的很多账簿资料在水灾中丢失，导致历史时期的统计数据不足。撰写调查报告的过程中，还参考了2001年方志出版社出版的《扎鲁特旗志》和《内蒙古自治区地名志·哲里木盟分册》，呼日勒沙编撰的《哲里木寺院》等图书。

后 记

  调查过程中,扎鲁特旗档案局提供了保根他拉嘎查村和巴彦芒哈苏木 1963 年以来的资料,得到了保根他拉嘎查村委会的大力支持,接受调查采访的村民对调查采访给予了很好的配合。在入户调查过程中,副村主任青格勒图亲自骑摩托送我们到各个居民点,为调查作出了无私的奉献。我的同学哈日胡,利用他的暑假时间帮我填写典型户问卷调查表,并提供了村里很多可靠的资料。正在内蒙古师范大学读硕士的哈斯老弟,对近些年村里发生的事情,以及调查报告初稿的不当之处,提出了宝贵意见。在此一并表示感谢。

  由于搜集的资料还不够具体,笔者的汉语写作能力不够高,所撰写的调查报告的内容肯定会有遗漏,请专家学者和读者多多指教!

哈达
2011 年 2 月

图书在版编目(CIP)数据

科尔沁沙地边缘的半农半牧村：内蒙古扎鲁特旗道老杜苏木保根他拉嘎查调查报告 / 哈达著 . —北京：社会科学文献出版社，2012.9
（当代中国边疆·民族地区典型百村调查.内蒙古卷.第2辑）
ISBN 978 - 7 - 5097 - 3650 - 0

Ⅰ.①科… Ⅱ.①哈… Ⅲ.①农村调查 - 调查报告 - 扎鲁特旗 Ⅳ.①D668

中国版本图书馆 CIP 数据核字（2012）第 176657 号

当代中国边疆·民族地区典型百村调查：内蒙古卷（第二辑）
科尔沁沙地边缘的半农半牧村
——内蒙古扎鲁特旗道老杜苏木保根他拉嘎查调查报告

著　　者 / 哈　达

出 版 人 / 谢寿光
出 版 者 / 社会科学文献出版社
地　　址 / 北京市西城区北三环中路甲29号院3号楼华龙大厦
邮政编码 / 100029

责任部门 / 人文分社　（010）59367215　责任编辑 / 周志静　刘　丹
电子信箱 / renwen@ ssap. cn　　　　　　责任校对 / 李海雄
项目统筹 / 宋月华　范　迎　　　　　　　责任印制 / 岳　阳
经　　销 / 社会科学文献出版社市场营销中心　（010）59367081　59367089
读者服务 / 读者服务中心　（010）59367028

印　　装 / 北京季蜂印刷有限公司
开　　本 / 889mm×1194mm　1/32　　本册印张 / 6.375
版　　次 / 2012年9月第1版　　　　　　本册插图 / 0.25
印　　次 / 2012年9月第1次印刷　　　　本册字数 / 140千字
书　　号 / ISBN 978 - 7 - 5097 - 3650 - 0
定　　价 / 148.00元（共4册）

本书如有破损、缺页、装订错误，请与本社读者服务中心联系更换
▲ 版权所有　翻印必究